THÉÂTRE DE L'AMBIGU-COMIQUE

LE JUIF ERRANT

DRAME EN CINQ ACTES ET DIX-SEPT TABLEAUX

Par M. Eugène SUE

MISE EN SCÈNE DE MM. MONTDIDIER ET SAINT-ERNEST, MUSIQUE DE M. AMÉDÉE ARTUS

Représenté pour la première fois, à Paris, sur le théâtre de L'AMBIGU-COMIQUE, le 23 Juin 1849.

Prix : 60 centimes.

PARIS

BECK, LIBRAIRE

RUE GIT-LE-CŒUR, 12

TRESSE, successeur de J.-N. BARBA, Palais-National.

1849

LE JUIF ERRANT

DRAME EN CINQ ACTES ET DIX-SEPT TABLEAUX,

Par M. Eugène SUE,

MISE EN SCÈNE DE MM. MONTDIDIER ET SAINT-ERNEST, MUSIQUE DE M. AMÉDÉE ARTUS,

Représenté pour la première fois, à Paris, sur le théâtre de L'AMBIGU-COMIQUE, le 23 Juin 1849.

PERSONNAGES.	ACTEURS.
DAGOBERT	MM. SAINT-ERNEST.
RODIN	CHILLY.
COUCHE-TOUT-NU	VERNER.
AGRICOL	ARNAULT.
GRINGALET	LADRENT.
D'AIGRIGNY	LYONNET.
GABRIEL	LÉON M.
DUPONT	STAINVILLE.
MOROCK	MACHANETTE.
LE BOURGMESTRE	THIERRY.
LE JUIF	FRAUMENCE.
UN NOTAIRE	BARD.
DJALMA	BASTIEN.
SAMUEL	MARTIN.
LORIOT, teinturier	LOISSIER.
FRANÇOIS	LAVERGNE.
UN GARÇON D'AUBERGE	AUDRY.
UN BOURGEOIS	FOUQUET.
LA MAYEUX	Mmes NAPTAL ARNAULT.
CÉPHISE	LUCIE.
BLANCHE	ANNA POTEL.
ROSE	JEANNE ANAÏS.
ADRIENNE DE CARDOVILLE	DAUBRUN.
LA PRINCESSE DE SAINT-DIZIER	BOUSQUET.
FRANÇOISE BAUDOIN	LEMAIRE.
FLORINE	ADALBERT.

S'adresser pour la musique, à M. ARTUS, compositeur et chef d'orchestre, pour la mise en scène à M. MONET, régisseur, tous deux au théâtre.

PROLOGUE

LES CONFINS DU MONDE.

PREMIER TABLEAU.

La Mer de glace.

Le théâtre représente une vue du détroit de Behring, sur le devant un espace de terre garni de rochers couverts de neige occupe les deux premiers plans. Plus loin, la mer qui charrie d'énormes glaçons ; au fond, l'horizon se perd sous les nuages amoncelés. Il fait presque nuit. Un homme paraît au milieu de ce désert, c'est le Juif errant. Il tombe accablé sur un quartier de roc, mais un coup de tonnerre retentit, le Juif se lève et fait encore quelques pas, puis, épuisé par la fatigue, vaincu par le désespoir, il s'arrête de nouveau.

LE JUIF, *les bras tendus vers le ciel.* Pitié ! pitié ! Seigneur ! Dans ma course éternelle, me voici encore une fois arrivé aux limites du monde. Faut-il, sans un instant de repos, recommencer cette marche qui ne s'arrête pas. Oui, Dieu puissant, j'ai été sans entrailles et sans miséricorde quand votre fils bien aimé, allant au supplice, m'a demandé de s'arrêter un moment. Je lui ai répondu : Marche ! marche ! et depuis dix-huit siècles, ce mot, ma condamnation, une voix terrible le répète sur ma tête; depuis dix-huit siècles, je sens aboutir à mon cœur les souffrances de mes enfants, des enfants de mes enfants, les seuls que je puisse aimer au milieu de ces populations qui me maudissent à mon passage, les seuls ! et cependant ils échappent à ma tendresse dans cette fuite sans fin à travers le temps et l'espace. Mais ici, grand Dieu ! où la terre manque à mes pas, vous permettez qu'à mes regards se présentent ces derniers rejetons de ma race... vous serez clément encore... (*On entend une musique céleste.*) La voix terrible s'est tue... l'air s'épure... Merci, mon Dieu, je vais les voir ! je les vois !

DEUXIÈME TABLEAU.
L'Aurore boréale.

Pendant ces dernières paroles, l'orage s'est calmé; l'air, chargé de frimats s'est éclairci, et l'on aperçoit, sur une circonférence occupant toute la largeur et la hauteur du théâtre, un vaste tableau divisé en cinq groupes. — Premier groupe. Au bas du tableau, Blanche et Rose sont à cheval sur Jovial, que Dagobert conduit par la bride; Rabat-Joie marche derrière. Ils traversent un paysage d'Allemagne vers la chute du jour. — Deuxième groupe, à droite. Les ruines de Tchandi; entre deux Malais terrassés, Djalma est saisi par un officier, tandis que des soldats le tiennent en joue. — Troisième groupe, à droite et au-dessous. Dans une campagne, sur l'herbe et à côté d'une table chargée de verres, Jacques Rennepont est étendu et dort profondément. — Quatrième groupe, à gauche, vers le haut. Mademoiselle de Cardoville, dans un cabinet de la plus grande richesse, est à sa toilette, servie par deux femmes de chambre dans le costume le plus élégant. — Cinquième groupe, à gauche et au-dessous. Dans un site des montagnes rocheuses, Gabriel, jeune missionnaire, est saisi par des Sauvages qui veulent l'attacher à une croix. Dans chacun de ces groupes, on voit des Jésuites attentifs à tout ce qui se passe. Ils sont placés de manière à paraître se rattacher à l'action.

LE JUIF. Blanche et Rose, pauvres orphelines, suivez votre guide fidèle... Djalma! noble prince, échappe à l'ennemi qui veut te retenir dans l'Inde. A Paris! hâte-toi, le treize février n'est pas loin. Mais, mon Dieu! ce n'est pas là toute ma famille... Et mes autres enfants, où sont-ils? ne les verrai-je pas! Jacques Rennepont, ta vie d'indolence et de désordre va donner des armes contre toi!... Mon Dieu, vous ne permettrez pas que ces barbares immolent l'angélique Gabriel, le pieux missionnaire qui va leur porter votre parole!... Pure et noble jeune fille, Adrienne de Cardoville, hâte-toi de sourire au luxe et au plaisir... le malheur va venir... Enfants!... enfants! prenez garde! l'ennemi vous surveille, vous enlace; du centre de sa puissance, il tend vers vous ses milliers d'yeux, d'oreilles et de bras; prenez garde!...

Le tableau s'obscurcit peu à peu; le ciel devient plus sombre; l'orage recommence à gronder; les tableaux disparaissent.

LE JUIF. Quoi! déjà évanouis! Ne pouvoir les avertir, les sauver!... Une main invisible me pousse! un tourbillon m'emporte!

UNE VOIX DANS L'ORAGE. Marche!

LE JUIF. Une heure seulement! une heure de repos!

LA VOIX. Marche!

LE JUIF. J'obéis, Seigneur, j'obéis jusqu'au jour où vous aurez prononcé si les miens seront condamnés avec moi ou si je serai sauvé avec eux.

(Il se remet à marcher.)

FIN DU PROLOGUE.

ACTE PREMIER.
TROISIÈME TABLEAU.
L'Auberge de Faucon-blanc.

La cour de l'auberge du Faucon-blanc. Cette cour, fermée au fond par une petite haie, laisse voir la campagne. Une colline en pente douce conduit à l'auberge; à droite, une espèce de hangar; à gauche, l'écurie et la maison d'habitation qui, placées au dernier plan et en sens oblique, occupent une partie du fond et sont presque vues de face par le public. Devant la porte de l'écurie se trouve le tableau de Morock qui le représente domptant des animaux féroces.

SCENE PREMIERE.
MOROCK, *assis à une table.*

Six heures!.. et pas de nouvelles!.. il ne vient pas!.. les aura-t-il rencontrés?.. Aura-t-il pu les suivre?.. *(Tirant une lettre de sa poche.)* Mes instructions sont précises. *(Lisant.)* « Les empêcher « à tout prix d'être à Paris le 13 février... » *(On entend sortir du hangar un mugissement rauque, Morock allant au hangar.)* Judas! tais-toi! *(Continuant à lire.)* « Pour les guider, les protéger, « elles n'ont que le vieux soldat, il faut le rete- « nir, l'éloigner, lui enlever les moyens de conti- « nuer son voyage. » *(Un second rugissement se fait entendre, imitant celui de la panthère.)* La Mort, te tairas-tu?

SCENE II.
MOROCK, GRINGALET.

GRINGALET. Me voilà, patron.

MOROCK. Bonnes ou mauvaises nouvelles?

GRINGALET. Patron, vous m'affligez, c'est moi que vous chargez d'une commission et vous demandez si j'ai réussi; vous m'affligez, patron.

MOROCK. Tu les as donc rencontrés?

GRINGALET. A deux lieues de Wittemberg, route de Russie.

MOROCK. Et tu dis que tu es parvenu?

GRINGALET. A tout... à parfaitement tout. En apercevant de loin deux jeunes filles en noir, un cheval blanc, une vieille moustache, et un gros chien gris, je me suis dit : voilà l'affaire; il s'agit de s'insinuer adroitement, de faire causer l'âge, et de rapporter au patron des renseignements complets. Aussitôt, je m'approche de mon air le plus naïf, en les regardant comme ça... vous savez, et pour entamer d'une manière un peu spirituelle, je leur dis : quelle heure qu'il est ?.. Alors les petites se mettent à rire, le cheval blanc me regarde de travers, le chien se met à grogner en guignant mes mollets... et la moustache me montrant son bâton me répond : passe au large, et, comme j'ai vu que je ne pourrais guère en apprendre davantage, j'ai passé au large et me voilà.

MOROCK. Mais tu ne les as pas perdus de vue.

GRINGALET. Jamais... et je vous annonce que cette auberge étant la seule du pays, dans un instant ils seront ici.

MOROCK. C'est bon. (*A part.*) Le 13 février !.. oh ! j'empêcherai bien !..

GRINGALET. Patron, comme j'ignore entièrement vos projets, je ne sais pas au juste quelles sont vos intentions, mais je vous préviens que, malgré sa moustache, le vieux est fort et résolu, et qu'il paraît méchant en diable.

MOROCK. Ma panthère noire aussi était bien vigoureuse et bien méchante.

GRINGALET. La Mort ?.. ah ! oui, voilà un animal qui ne joint pas la douceur du mouton à l'aménité du caniche.

MOROCK. Eh bien ! celui que le Seigneur soutient dans sa lutte contre les animaux féroces sera aussi soutenu par lui dans sa lutte contre les hommes.

GRINGALET. A propos d'animaux, j' vas donner à souper aux nôtres.

MOROCK. Non, tu ne donneras pas à manger aux bêtes ce soir !

GRINGALET. Plaît-il ?

MOROCK. Tu ne m'as pas entendu ?

GRINGALET. Si fait, mais permettez, patron !

MOROCK. Je te dis que si tu les fais manger ce soir, je te chasse.

GRINGALET. Mais, patron, vous en parlez bien à votre aise ! je ne m'appelle pas, comme vous, Morock le prophète, moi, je me nomme Gringalet tout court, moi !.. je n'ai pas comme vous habité les montagnes de la Suisse, moi !.. je suis né dans la rue aux Ours, et encore cette rue ne s'appelle rue aux Ours qu'à cause des bonnets à poils qu'on y fait pour la garde nationale.

MOROCK. Où veux-tu en venir ?

GRINGALET. A vous dire, patron, que je connais le caractère *rancunier* de vos pensionnaires, et que si je prive de leur nourriture le lion, le tigre et la panthère de Java, ces trois féroces insectes vont se dire : Gringalet, je te revaudrai ça, mon bonhomme. La première fois que je m'approcherai de leur cage, ils sont capables de tout, et je n'ai pas de vocation pour me faire grignoter par vos bêtes.

MOROCK. C'est-à-dire que tu as peur.

GRINGALET. Peur, moi !.. mais, pas du tout, patron... je n'aime pas la société des panthères affamées, voilà tout ; mais qu'on m'enferme avec vos autres animaux, avec vos perroquets, avec vos serins, patron, avec vos écureuils, patron ; quand ils seraient à jeun depuis six mois, ils ne me feraient pas reculer.

MOROCK. C'est bon... écoute-moi... si tu veux, il y aura cette nuit dix florins à gagner pour toi.

GRINGALET. Je veux... mais qu'est-ce qu'il faudra faire pour ça ?

MOROCK. Tu le sauras bientôt ; mais en attendant, tu iras chez le bourgmestre, tu demanderas si je serai bien sûr de le trouver ce soir, pour lui révéler quelque chose de très important.

GRINGALET. Oui, patron. (*Regardant au fond.*) Oh ! j'aperçois là-bas nos voyageurs.

MOROCK. Déjà ! Alors, viens par ici, je vais achever de te dire ce que tu as à faire. (*Regardant au fond.*) Oui, oui, ce sont eux, ce sont bien eux, oh ! je les tiens maintenant. (*Il sort.*)

SCÈNE III.

DAGOBERT, ROSE ET BLANCHE.

(*Rose et Blanche sont assises sur le cheval. Dagobert tient la bride et marche en avant ; son chien Rabat-Joie marche sur ses talons.*)

DAGOBERT. Holà ! garçon !

UN GARÇON. Voilà, Monsieur, qu'est-ce qu'il vous faut ?

DAGOBERT, *faisant descendre les deux jeunes filles de cheval.* D'abord, une chambre pour ces deux demoiselles.

LE GARÇON. Et une pour vous ?..

DAGOBERT. Non !.. A souper pour ces deux demoiselles.

LE GARÇON. Et puis pour vous.

DAGOBERT. Non.

LE GARÇON. Ah !..

DAGOBERT. Une écurie pour mon cheval, là, n'est-ce pas ? (*Il y conduit Jovial, qui s'arrête et recule en arrivant à la porte.*)

ROSE. Tiens ! qu'est-ce qu'il a donc, ce bon Jovial ?

DAGOBERT. C'est singulier !

LE GARÇON. Eh ! je n'y pensais plus ! Il y a là les animaux du prophète Morock, un lion, un tigre, etc., et votre cheval n'a peut-être pas l'habitude...

DAGOBERT. Non, mais on peut le mettre ailleurs ?

LE GARÇON. Certainement, par ici !

DAGOBERT. A la bonne heure ! Viens, mon pauvre Jovial. Ah ! c'est que nous avons encore de

longues étapes à faire, et que deviendrions-nous sans toi !
(*Il disparaît un instant avec le garçon et le cheval. Rabat-Joie s'est couché auprès des deux jeunes filles.*)

BLANCHE. Ce bon Dagobert, que de soins, que d'attentions il a pour nous depuis le commencement de ce long et pénible voyage !

ROSE. Que de fatigues, que de privations il s'impose pour nous !

BLANCHE. Notre mère nous le disait à son lit de mort : mes enfants, Dagobert est maintenant votre seul appui, votre seul protecteur ; mais il aura pour vous chérir toute la tendresse d'une mère qui vous quitte, comme il aura pour vous défendre tout le courage, toute l'énergie de votre père qui n'est plus.

DAGOBERT, *qui est rentré en scène, se tient au fond et regarde attentivement autour de lui.* Oui, c'est ici, c'est bien ici !

ROSE. Qu'as-tu donc, Dagobert ?

DAGOBERT. Oh ! mes souvenirs ! mes souvenirs !

ROSE. Tu pleures... toi !

BLANCHE. Tu pleures !...

DAGOBERT. Je vais vous attrister, mes pauvres enfants, mais c'est pourtant comme sacré, ce que je vais vous dire. Il y a dix-huit ans, la veille de la grande bataille de Leipsick, j'ai porté votre père dans cette cour d'auberge... Oui, je le vois encore étendu là, au pied de cet arbre... il avait deux coups de sabre sur la tête. C'est ici que lui et moi, qui avais deux coups de lance pour ma part, nous avons été faits prisonniers... et par qui encore ?... par un renégat, par un Français émigré, un marquis d'Aigrigny, colonel au service des Russes... et qui plus tard... Mon pauvre général... oui, c'est ici, c'est ici... (*Il porte la main à ses yeux, tandis que les jeunes filles s'agenouillent au pied de l'arbre et se mettent à pleurer.*) Allons, allons, mes enfants, il ne faut pas vous chagriner. Songez à prendre du repos, car nous nous mettrons en route demain matin de bonne heure.

BLANCHE. Nous avons encore bien du chemin ?

DAGOBERT. Et nos ressources commencent à s'épuiser... Pourtant, un cabinet pour vous, une paillasse pour moi à votre porte, avec Rabat-Joie sur mes pieds, une litière pour le vieux Jovial, voilà nos frais de route. Je ne parle pas de la nourriture, vous mangez à vous deux comme une souris, et moi j'ai appris, en Egypte et en Espagne, à n'avoir faim que quand ça se pouvait.

ROSE. Et, pour économiser davantage, tu fais toi-même jusqu'à notre blanchissage... un vieux soldat qui savonne !...

DAGOBERT. Tel que vous me voyez, j'étais la meilleure blanchisseuse de mon escadron, aussi j'espère que vous me continuerez votre pratique... C'est moins cher, et il faut que nous ayons de quoi arriver à Paris... Une fois là, nos papiers et la médaille que vous portez feront le reste.

BLANCHE, *montrant la médaille qu'elle porte attachée à son cou.* Cette médaille... ces lettres gravées... ces initiales... Et de l'autre côté : « A « Paris, rue Saint-François, numéro 3, dans un « siècle et demi, vous serez, le 13 février 1831. « Priez pour moi. » Qu'est-ce que ça signifie ?

DAGOBERT. Plus tard, nous causerons de ça... A présent, allez vous reposer.

LE GARÇON, *entrant.* La chambre de ces demoiselles est prête, et leur souper aussi.

ROSE. Au revoir, Dagobert.

DAGOBERT. Au revoir, mes enfants. (*Les deux jeunes filles s'éloignent, Rabat-Joie les suit.*)

SCENE IV.
DAGOBERT, LE GARÇON.

LE GARÇON. Qu'est-ce qu'il faut servir à Monsieur ?

DAGOBERT. A moi ?.. Un baquet et de l'eau.

LE GARÇON. Un baquet ?..

DAGOBERT. Eh ! oui, un baquet d'eau.

LE GARÇON. Il va souper avec un baquet d'eau !

DAGOBERT. Ah ! et avec ça... un morceau de...

LE GARÇON. A la bonne heure !

DAGOBERT. Un morceau de savon...

LE GARÇON, *étonné.* Un morceau de savon !

DAGOBERT. Avec une petite planche, s'il y en a... mais, va donc, animal !.. est-ce que tu ne m'entends pas ? (*Il le pousse.*)

LE GARÇON. Si fait ! si fait ! Monsieur... et voilà votre affaire... (*Il disparaît un instant.*)

DAGOBERT. Ah ! c'est bien heureux.

LE GARÇON, *revenant.* Voilà... (*Il dépose le baquet.*)

DAGOBERT. C'est bien ! A présent, laisse-moi.

LE GARÇON. Oui, Monsieur... (*A part.*) C'est égal, un baquet, de l'eau et du savon pour un soldat, c'est un fichu souper... (*Il sort.*)

SCENE V.
DAGOBERT, *puis* MOROCK.

DAGOBERT, *ôtant sa houppelande.* A présent, à l'ouvrage. (*Il ouvre un petit paquet et en sort deux collerettes, qu'il se met à savonner en chantant.*)

MOROCK, *entrant.* Le voilà... il est seul... allons... (*Il s'approche de Dagobert.*) Il paraît, camarade, que vous n'avez pas de confiance dans les blanchisseuses de Mocken ? (*Dagobert tourne à demi la tête, le regarde de travers et continue à savonner. A part.*) Pas de réponse ! (*Haut.*) Si je ne me trompe, vous êtes Français... un vieux soldat de l'Empereur, peut-être... Aussi je trouve que, pour un héros, vous finissez un peu en quenouille. (*Dagobert, dont les traits expriment la colère, se met à savonner avec précipitation. A part.*) Rien... toujours !.. (*Haut.*) Ah ça, est-ce que vous êtes muet?..

DAGOBERT, *se retournant brusquement et le regardant en face.* Donnez-moi la paix... (*Il se remet à savonner.*)

MOROCK. Vous n'êtes guère poli... Je voulais vous offrir de boire un verre de vin ensemble pour faire connaissance... parce que... je suis allé en France... j'ai vu la guerre aussi, et quand je rencontre des Français, je suis flatté... surtout lorsqu'ils manient le savon aussi bien que vous. Si j'avais une ménagère... (*Le regardant avec ironie.*) Je l'enverrais à votre école.

DAGOBERT, *à part.* Oh! sans mes deux enfants!.. (*Il se remet à savonner.*)

MOROCK, *s'approchant.* Ah çà, bonhomme... (*Dagobert s'arrête, le regarde avec colère, puis, se calmant tout-à-coup, il prend le baquet et l'emporte à l'autre bout du théâtre. A part.*) Bon, voilà la colère qui vient... (*Plusieurs buveurs entrent en scène, et se mettent à une table.*) Décidément vous n'êtes pas poli, l'homme au savon... Je dis même que vous êtes impudemment grossier... Que répondrez-vous à cela?

DAGOBERT. Rien... (*Mouvement d'étonnement général.*)

MOROCK. Rien?.. c'est peu de chose... Je serai moins bref, moi, et je vous dirai que lorsqu'un étranger répond à une politesse par une grossièreté, il mérite qu'on lui apprenne à vivre.

DAGOBERT, *à part.* Oh! mes enfants! mes enfants! (*Il prend un mouchoir mouillé, se met à le tordre en chantonnant :*)

De Tirlemon, taudion du diable,
Nous partirons demain matin,
Le sabre en main.

MOROCK. Messieurs, vous êtes témoins que cet homme m'a insulté... Il me fera des excuses, ou sinon...

DAGOBERT, *sans le regarder.* Ou sinon ?

MOROCK. Sinon, vous me ferez réparation, si vous avez du sang dans les veines...

TOUS. Vous battre !..

PREMIER BOURGEOIS. Mais vous ne connaissez donc pas les lois du pays?

DEUXIÈME BOURGEOIS. Il y a l'amende et une longue prison.

MOROCK. Que m'importe, la prison ! Qu'on me donne seulement deux sabres...

DAGOBERT. Qu'est-ce que vous feriez de deux sabres?..

MOROCK. Quand vous en aurez un à la main et moi un autre, vous le verrez... (*Dagobert hausse les épaules, ramasse son linge et son savon et s'éloigne.*) Ainsi, un ancien soldat de ce brigand de Napoléon... (*Dagobert s'arrête.*) N'est bon qu'à faire le métier de lavandière... il refuse de se battre !..

DAGOBERT, *avec effort.* Oui... il refuse de se battre.

MOROCK. Ainsi, vous avez peur... vous l'avouez, vous êtes un lâche !

DAGOBERT, *hors de lui.* Un lâche !... (*A part.*) Oh! mes enfants! voilà le plus grand sacrifice que je puisse vous faire.

PREMIER BOURGEOIS, *au deuxième.* Voyez comme cet homme est agité, comme il est pâle.... Cet homme n'est pas un lâche.

DEUXIÈME BOURGEOIS. Il faut quelquefois plus de courage pour refuser de se battre que pour accepter.

PREMIER BOURGEOIS. D'ailleurs, songez-y, Prophète, ce brave homme voyage avec deux jeunes filles ! S'il était tué par vous, ou prisonnier pour vous avoir tué, que deviendraient ces pauvres enfants?

DAGOBERT, *avec émotion et lui prenant la main.* Merci... Monsieur...

MOROCK, *après un moment de silence.* Allons, c'est possible... J'ai eu tort... (*A part.*) Nous trouverons un autre moyen.

PREMIER BOURGEOIS. A la bonne heure, et pour tout finir, mon brave homme, venez boire avec nous.

DAGOBERT. Merci, Messieurs ; mais quand on accepte, il faut offrir à son tour.

PREMIER BOURGEOIS. Eh bien ! c'est convenu, nous paierons le premier bol et vous le second.

DAGOBERT, *avec dignité.* Pauvreté n'est pas vice, Messieurs, aussi je vous le dirai franchement, nous avons encore une longue route à faire et... nous sommes pauvres.

PREMIER BOURGEOIS. Alors, c'est différent... à votre place, j'en ferais autant... Bonsoir, brave soldat.

TOUS. Bonsoir, bonsoir...

DAGOBERT. Bonsoir, Messieurs.

MOROCK, *avec humilité.* J'ai avoué mes torts... est-ce que vous m'en voulez encore?

DAGOBERT. Si je te rencontre jamais lorsque mes enfants n'auront plus besoin de moi, je te dirai deux mots, et ils ne seront pas longs. (*Il lui tourne le dos et sort à la suite des bourgeois.*)

MOROCK, *à part.* Tu n'es pas encore sur la route de Paris. (*Apercevant Gringalet.*) Ah !... Eh bien ?..

SCÈNE VI.

MOROCK, GRINGALET.

GRINGALET. Ça marche, ça trottine assez bien ; la fenêtre des petites filles donne sur la campagne... en grimpant sur un tréteau, j'ai pu voir l'intérieur...

pan !.. Les carreaux... dzing... dzing !.. L'espagnolette !.. Oui, mais, dites-donc, si le vieux est là ?..

MOROCK. Il va d'abord souper; s'il remonte trop tôt, je trouverai bien moyen de le faire sortir... ce sera facile... Donne-moi la pique de frêne, la plus longue...

GRINGALET. Voilà, patron.

MOROCK. La couverture de drap rouge...

GRINGALET. Voilà... A propos, patron, vous ne voulez pas que je donne un morceau de viande à la Mort ?

MOROCK. Non.

GRINGALET. Vous verrez qu'elle me gardera rancune... elle mettra ça sur mon compte, et un beau jour elle me mangera queuque chose pour compléter le sien de compte.

MOROCK. Tais-toi ! (*Il va à l'écurie où se trouve Jovial, puis à celle des animaux.*)

GRINGALET. Qu'est-ce qu'il va faire par là ?... Est-il heureux de n'avoir pas peur... d'être surnommé le dompteur des animaux féroces ! Comme ça m'irait d'être admiré comme lui... Mais jusqu'ici je ne mords ni au lion ni au tigre... Je n'ai encore pu dompter qu'un simple canard sauvage !..

MOROCK. C'est bien, tout est prêt.

GRINGALET. A présent, patron, qu'est-ce qu'il faut faire ?

MOROCK. Va te placer sur ton tréteau, et quand le vieillard sortira précipitamment de la chambre, pousse la fenêtre, fais tomber la lampe, et si tu accomplis ce qui te reste à faire, les dix florins sont à toi.

GRINGALET. C'est dit, j'y vole.

MOROCK. Attends, si tu réussis, dès que les objets seront dans tes mains, tu iras jeter cette lettre à la poste.

GRINGALET. Oui, patron.

MOROCK, *allant à l'écurie*. Maintenant, à nous deux, insolent vieillard... Nous verrons comment tu achèveras ce voyage.

GRINGALET, *lisant l'adresse, à part*. Tiens !... « A monsieur Rodin, rue du Milieu-des-Ursins, « numéro 11, à Paris. »

MOROCK, *conduisant Jovial vers l'écurie des animaux*. Nous verrons si tu seras au rendez-vous le 13 février !.. (*Il va entrer dans l'écurie, le cheval se cabre.*)

FIN DU TROISIÈME TABLEAU.

QUATRIÈME TABLEAU.

Une Chambre de l'Auberge.

L'intérieur de l'auberge. Une chambre d'auberge, à droite, un lit sur lequel Rose et Blanche tout habillées se tiennent entrelacées ; au fond, une fenêtre auprès, une table sur laquelle sont placés ; une lampe et le sac de Dagobert ; au fond aussi la porte d'entrée ; à gauche, la porte d'un cabinet.

SCENE PREMIERE.

ROSE ET BLANCHE ; *Rabat-Joie est couché près du lit.*

ROSE. Crois-tu qu'il vienne encore cette nuit ?
BLANCHE. Oui, car hier il nous l'a promis.
ROSE. Il est si bon !
BLANCHE. Et si beau !.. Sais-tu, Rose, que c'est un grand bonheur qu'il nous aime toutes deux à la fois ?
ROSE. Il ne pouvait pas faire autrement, puisque nous n'avons qu'un cœur à nous deux.
BLANCHE. Comment aimer Rose sans aimer Blanche ?
ROSE. Que serait devenue la délaissée ?
BLANCHE. Puis il aurait été si embarrassé de choisir.
ROSE. Aussi, pour s'épargner cet embarras, il nous a choisies toutes deux.
BLANCHE. Il est seul à nous aimer, nous sommes deux à le chérir.
ROSE. Ne trouves-tu pas que nous devrions tout raconter à Dagobert ?

BLANCHE. Si tu le crois, faisons-le. (*Rabat-Joie fait entendre un grognement sourd.*)
ROSE. Qu'est-ce que vous avez à gronder ainsi, Rabat-Joie ? (*Deux carreaux volent en éclats avec grand bruit* ; *les deux jeunes filles se serrent l'une contre l'autre : Rabat-Joie aboie avec fureur contre la croisée.*)
BLANCHE, *avec terreur*. Mon Dieu ! qu'est-ce donc ?
ROSE. Je n'ose pas regarder... et Dagobert qui n'est pas là.
BLANCHE. Écoute ! écoute ! on monte l'escalier.
ROSE. Ce n'est pas la marche de Dagobert : les pas sont trop lourds.
BLANCHE. Rabat-Joie, ici tout de suite, viens nous défendre. (*Un bruit de chute ébranle la porte, qui s'ouvre ; les jeunes filles, d'abord terrifiées, s'embrassent en s'écriant :*) C'est Dagobert !

SCENE II.

LES MÊMES, DAGOBERT.

DAGOBERT. Qu'avez-vous donc, mes petites peureuses ?

ACTE I, TABLEAU IV, SCÈNE II.

BLANCHE. Ce bruit?...

DAGOBERT. C'est mon lit que j'apportais sur mon dos, c'est-à-dire une paillasse que j'ai jetée derrière votre porte, pour m'y coucher comme d'habitude.

ROSE. Le volet poussé par le vent a cassé deux carreaux.

DAGOBERT. C'est là ce qui vous a effrayées. — Tout beau, Rabat-Joie. — Il va venir un courant d'air par là, et vous aurez froid. (*Il prend une pelisse de peau et la suspend à l'espagnolette. Revenant à elles.*) Ah çà, mes enfants, nous avons à causer.

BLANCHE. Nous avons aussi quelque chose à te dire.

DAGOBERT. Une confidence?

ROSE. Mon Dieu! oui... mais tu ne nous gronderas pas?

DAGOBERT. Accordé! je suis tout oreilles.

ROSE. Figure-toi que voilà deux nuits de suite que nous avons une visite.

DAGOBERT, *avec un soubresaut*. Une visite!

BLANCHE. Une visite charmante! car il est blond.

DAGOBERT. Comment, diable, il est blond?

ROSE. Blond, avec des yeux bleus!

DAGOBERT. Comment, diable, des yeux bleus?

BLANCHE, *montrant sur son doigt*. Des yeux longs comme ça.

DAGOBERT, *montrant sur son bras*. Ils seraient longs comme ça, que cela ne ferait rien... Un blond avec des yeux bleus, qu'est-ce que ça signifie?

ROSE. Ah! vois-tu, tu grondes tout de suite.

BLANCHE. Rien qu'au commencement, encore.

DAGOBERT. Au commencement! il y a donc une fin?

ROSE, *riant*. Une fin? j'espère bien que ça durera toujours.

DAGOBERT, *intrigué*. Vous voulez vous moquer de moi, n'est-ce pas?

BLANCHE. Allons, ne te tourmente pas, nous allons te raconter les visites de notre ami Gabriel.

DAGOBERT. Vous recommencez!... il a un nom?

ROSE. C'est un joli nom, n'est-ce pas?

BLANCHE. Tu l'aimeras comme nous, notre bon Gabriel?

DAGOBERT. Je l'aimerai! je l'aimerai!... C'est singulier, son nom me rappelle une chose.

ROSE. Quoi donc, Dagobert?

DAGOBERT. Il y a quinze ans, dans la dernière lettre que votre père m'a apportée de ma femme, elle me disait que, toute pauvre qu'elle était, et quoi qu'elle eût déjà sur les bras notre petit Agricol, qui grandissait, elle venait de recueillir un pauvre enfant abandonné qui avait une figure de chérubin et qui s'appelait Gabriel.

BLANCHE. Tu vois bien que tu as aussi ton Gabriel; raison de plus pour aimer le nôtre.

DAGOBERT. Le vôtre! toujours le vôtre!... je suis sur des charbons ardents.

ROSE. Eh bien! il y a deux nuits, nous venions de nous endormir, les mains entrelacées, suivant notre habitude, lorsque nous avons vu...

DAGOBERT. C'est donc en rêve?

BLANCHE. Comment veux-tu que ce soit?

DAGOBERT, *avec un soupir*. A la bonne heure! j'aime mieux cela.

ROSE. Une fois endormies, nous avons eu un songe pareil.

DAGOBERT. Toutes deux le même! c'est extraordinaire! Et ce songe, qu'est-ce qu'il chantait?

BLANCHE. Rose et moi nous étions assises l'une à côté de l'autre; nous avons vu entrer un bel ange avec une figure si belle et si bonne que nous avons joint nos mains pour prier.

ROSE. Alors il nous a dit qu'il se nommait Gabriel; et tandis qu'il nous parlait, son regard nous allait au cœur et nous attirait.

BLANCHE. A notre grand chagrin, il nous a quittées en nous disant que la nuit d'ensuite il reviendrait.

DAGOBERT. Et il est revenu?

ROSE. Il est revenu, et nous l'aimons autant qu'il nous aime.

DAGOBERT. Mais il est seul pour vous deux.

BLANCHE. Notre mère n'était-elle pas seule pour nous deux?

ROSE. Et toi, n'es-tu pas seul aussi pour nous?

DAGOBERT. C'est égal! je suis jaloux de ce jeune gaillard-là.

BLANCHE. Lui la nuit, toi le jour.

DAGOBERT. Entendons-nous! Si vous en parlez le jour et si vous en rêvez la nuit, qu'est-ce qu'il me restera à moi?

ROSE. Il te restera tes deux orphelines que tu aimes tant.

BLANCHE. Et qui n'ont plus que toi au monde.

DAGOBERT. C'est cela, câlinez-moi!... Moi, mon Gabriel est tout bonnement un jeune prêtre.

ROSE. Le nôtre est un ange.

DAGOBERT. Il a un grade de plus.

BLANCHE. Il nous protégera, il te protégera aussi.

DAGOBERT. Merci! pour m'aider à vous défendre, j'aime mieux Rabat-Joie; il est moins blond que l'ange, mais il a de meilleures dents.

ROSE. Que tu es impatientant avec tes plaisanteries.

BLANCHE. C'est vrai, tu ris toujours.

DAGOBERT. Oui, c'est étonnant, comme je suis gai!.. j'ai des choses si divertissantes à vous dire.

MOROCK. Où est le sac du soldat?

GRINGALET. Sur la table, avec une lampe; à côté de la croisée.

MOROCK. Tu sais ce qui te reste à faire?

GRINGALET, *avec une pantomime*. La croisée...

ROSE. C'est donc triste ce que tu nous a promis de nous dire de cette médaille?..

DAGOBERT. Cette médaille, je vous en dirai tout ce que je sais, mais d'abord remettez-vous sur votre lit pour vous reposer.

BLANCHE ET ROSE. Parle, nous t'écoutons.

DAGOBERT. D'abord, il faut remonter un peu haut... Il y a dix-huit ans, comme je vous l'ai dit, que votre père fut fait prisonnier des Russes, et par un marquis d'Aigrigny... Votre père s'était engagé simple soldat, il était déjà colonel; plus tard, il devint général, puis maréchal de France, et comte de l'Empire.

BLANCHE. Comte de l'Empire! qu'est-ce que c'est, Dagobert?

DAGOBERT. Une bêtise... un titre que l'Empereur donnait par dessus le marché avec le grade, histoire de dire au peuple... qu'il aimait, lui... Enfants, vous voulez jouer à la noblesse, vous v'là nobles!.. vous voulez jouer au roi, vous v'là rois!... goûtez de tout, mes enfants, rien de trop bon pour vous, régalez-vous.

BLANCHE. Roi!

ROSE. Il faisait des rois?

DAGOBERT. Et il en défaisait pas mal aussi. Et quand on disait au peuple : ton Empereur fait de toi de la chair à canon... Bah! un autre ferait de moi de la chair à misère, répondait le peuple qui n'est pas bête... J'aime mieux le canon et risquer de devenir maréchal, roi ou invalide que de crever de faim, de froid ou de vieillesse sur la paille d'un grenier.

BLANCHE ET ROSE. Continue... continue...

DAGOBERT. Nous v'là donc prisonniers des Russes; après bien des marches, bien des fatigues, bien des souffrances, nous arrivons à Varsovie : c'est là que le général a connu votre mère... Il en devint amoureux, elle était si belle... on l'appelait la perle de Varsovie... elle se met à l'aimer à son tour, mais ses parents l'avaient promise à un autre... au marquis d'Aigrigny.

ROSE. Lui!.. encore!

DAGOBERT. Oui, c'était...

(*Pendant ces derniers mots, Blanche s'est soulevée avec terreur, la main tendue vers la fenêtre; on voit un bras d'homme qui se retire vivement.*)

BLANCHE, *avec effroi*. Ah!

DAGOBERT. Qu'avez-vous?

ROSE. Ma sœur?..

BLANCHE, *montrant la fenêtre*. Là, là... une main qui écartait la pelisse.

DAGOBERT. Une main!.. (*Il s'élance vers la fenêtre.*) A moi Rabat-Joie! (*Rabat-Joie court à la fenêtre.*) Saute, cherche, et si tu trouves un homme, étrangle-le un peu, en attendant que j'arrive. (*Rabat-Joie saute en aboyant et disparaît par la fenêtre.*) Cherche, cherche, Rabat-Joie...

(*Rabat-Joie aboie doucement.*) Il dit qu'il n'y a personne, et pas d'échelle au mur... C'est le vent qui aura dérangé le manteau et qui vous a fait peur... Fais le tour, Rabat-Joie, rentre par la grande porte et va retrouver ton ami Jovial. (*Le chien aboie.*) Il dit qu'il y va.

BLANCHE. Pardon, mon ami, j'étais folle, j'ai mal vu sans doute... parle, nous t'écoutons.

DAGOBERT. Plus tard, après bien des batailles, bien des victoires... mais, aussi, après une fatale journée, ne pouvant plus rien pour l'Empereur, le général revient à Varsovie... votre mère était libre... enfin ils s'épousent; mais la haine du marquis les poursuivait sans relâche. Un soir, sous le prétexte d'une conspiration découverte on s'empare de votre père, on le jette dans une voiture de poste, on le conduit jusqu'à la frontière avec défense de rentrer en Russie.

ROSE. Et notre mère?..

DAGOBERT. Elle était près de vous mettre au monde, et sans pitié pour son état, quelques jours après, on confisque ses biens et on l'exile en Sibérie ; pour seule grâce elle avait obtenu que je l'accompagnerais, et sans Jovial que le général m'avait fait garder, elle aurait été forcée de faire la route à pied. C'est ainsi, qu'à cheval, et moi la conduisant, comme je vous conduis, mes enfants, nous sommes arrivés dans un misérable village, où trois mois après, vous êtes nées, pauvres petites!..

BLANCHE. Et le général?

DAGOBERT. Depuis... jamais de nouvelles!.. jamais... jusqu'au jour où un homme étrange... un homme dont votre père m'avait déjà parlé... c'était au milieu d'une sanglante bataille, votre père s'était emparé d'une batterie ennemie, tous les artilleurs étaient morts, un seul eut encore la force de se soulever, d'approcher de la lumière la mèche qu'il tenait toujours à la main, et, cela, juste au moment où le général était à dix pas, et en face du canon chargé...

ROSE ET BLANCHE. Grand Dieu!..

DAGOBERT. C'en était fait, la mort était inévitable! le coup partit, mais au même instant un homme se jette au devant du canon! il devait être broyé en mille morceaux, et pourtant il n'en fut rien! A peine la fumée est-elle dissipée, que votre père voit cet homme debout et calme au même endroit! il avait environ trente ans, il était pâle, de haute taille, et ses sourcils, retenez bien cela, mes enfants, ses sourcils très noirs et joints entre eux, n'en faisaient pour ainsi dire qu'un seul, de sorte qu'il paraissait avoir le front rayé d'une marque fatale!.. Seize ans après, je travaillais en chantant, à la porte de notre cabane, quand j'entends une voix me demander : Est-ce ici le village de Milosk? Je me retourne et je vois devant moi un étranger; je le regarde et je recule stupéfait! car il était de haute taille, très pâle, ses sourcils très

ACTE I, TABLEAU IV, SCÈNE IV.

noirs et joints entre eux, n'en faisaient pour ainsi dire qu'un seul et semblaient lui rayer le front d'une marque fatale!.. et cet homme... cet homme semblait âgé de trente ans, comme au jour où, seize années auparavant il apparut à votre père!..

BLANCHE. Quel mystère!

ROSE. Et il apportait des nouvelles du général?

DAGOBERT. Oui..

BLANCHE. D'où venait-il?

DAGOBERT. De l'Inde!

ROSE ET BLANCHE. De l'Inde!

DAGOBERT. C'est là qu'il avait rencontré votre père, c'est là que le général combattait contre les Anglais pour soutenir la cause du faible contre le fort, la cause d'un jeune prince dont la destinée semble attachée à la vôtre, car, ainsi que vous, Djalma garde comme un précieux talisman, une mystérieuse médaille.

ROSE. Un Indien!

BLANCHE. C'est étrange!

DAGOBERT. L'inconnu s'était enfermé avec votre mère, il lui remit des papiers qui sont là, dans mon sac, avec ma croix et notre petite fortune, et quelques instants après il s'éloignait... Il s'en allait bien loin... bien loin, dans le nord, disait-il ; il partit et chacun de ses pas qui formait une trace profonde, laissait après lui l'empreinte d'une croix.

BLANCHE. Une croix!

DAGOBERT. C'était un funeste présage, mes enfants!.. quelques heures après un horrible fléau décimait le village, plusieurs habitants étaient morts, et votre mère subitement frappée, n'eut que le temps de vous passer au cou la médaille, de vous recommander toutes deux à moi, de me supplier de nous mettre tout de suite en route... après ces derniers ordres...

ROSE ET BLANCHE, *pleurant*. Ma mère, ma pauvre mère!

DAGOBERT. Ah! c'est là que vous vous êtes montrées les braves filles de mon général!.. Malgré le danger, rien n'a pu vous éloigner du lit de votre mère, vous êtes restées auprès d'elle jusqu'à la fin... vous lui avez fermé les yeux, et vous n'avez voulu partir qu'après avoir vu planter la petite croix de bois sur la fosse que j'avais creusée!..

BLANCHE. Oh! ma mère! ma mère!

DAGOBERT, *avec effroi*. Écoutez... (*On entend des rugissements, puis aussitôt le hennissement d'un cheval.*) C'est Jovial! mon cheval! Que fait-on à mon cheval? (*Il se lève et sort précipitamment en criant :*) Me voilà, me voilà, Jovial... (*Il disparaît. A peine est-il sorti que la fenêtre s'ouvre brusquement, la lampe est renversée.*)

BLANCHE, *avec effroi*. Rose!..

ROSE. Ma sœur! (*Elles se jettent dans les bras l'une de l'autre et retombent évanouies sur le lit.*)

SCÈNE III.

ROSE, BLANCHE, GRINGALET, *entrant par la fenêtre*.

GRINGALET. J'y suis!.. les petites filles ne miaulent plus... A mon affaire... (*Chantonnant.*) Bon, v'là la table... le sac au vieux... (*Il l'ouvre.*) Je vas lui diminuer sa charge, à ce pauvre bonhomme... Des papiers, confisqués... Une bourse, et pas mal garnie!.. je l'en débarrasse... ça le sauvera des filous... Une croix... une croix d'honneur!.. (*Avec un peu d'émotion.*) Il a gagné la croix, c't âgé!.. (*Changeant de ton et mettant la croix dans sa poche.*) Bah! ça me dispensera d'en acheter une quand je serai chevalier de la légion... C'est tout ? refermons la boîte. (*Il ferme le sac.*) Du bruit!... on vient... (*Air de la Parisienne.*)

En avant, marchons!..

(*Il disparaît par la fenêtre.*)

SCÈNE IV.

ROSE ET BLANCHE, *évanouies*, DAGOBERT.

DAGOBERT. Mort!... il est mort!... Mon pauvre Jovial est... Mais pourquoi cette obscurité?... Blanche! Rose! mes enfants!.. Et la lampe... (*Il la heurte du pied et la ramasse.*) Que s'est-il donc passé?.. (*Battant le briquet.*) Mon Dieu! ce n'est donc pas assez de malheur comme ça... (*Il rallume la lampe et regarde autour de lui.*) Évanouies!.. évanouies toutes les deux... Blanche!.. Rose!.. parlez-moi... parlez-moi!.. Mais, répondez-moi donc, vous me faites peur!.. Ah! elles rouvrent les yeux, elles me regardent... Oui, oui, c'est moi, c'est votre ami, c'est vot' vieux Dagobert... Allons, allons, ça va mieux... ça va mieux, n'est-ce pas?

BLANCHE. Dagobert.

ROSE. Oh! nous avons eu bien peur.

BLANCHE. A peine étais-tu parti, que la fenêtre s'est ouverte bien fort, la lampe est tombée, nous avons cru entendre marcher dans la chambre, et nous nous sommes trouvées mal, tant nous avions peur!..

DAGOBERT. C'est singulier!

ROSE. Mais, quand tu es sorti, que se passait-il donc?..

BLANCHE. Ces cris de Jovial?..

DAGOBERT, *ému*. Oh! rien... ce n'était rien... (*A part.*) Pauv' bête! pauv' vieil ami!.. Et comment achever notre route?.. nous reste-t-il assez là... (*Il montre son sac.*) pour en acheter un autre ?..

BLANCHE. Mais qu'as-tu donc à te parler ainsi tout seul?

DAGOBERT. Moi!... c'est... une petite querelle que je viens d'avoir.

ROSE. Une querelle?..

DAGOBERT. Avec ceux qui maltraitaient ce pauvre Jovial, et comme j'ai voulu le venger, un magistrat, un bourgmestre est arrivé, il m'a demandé mes papiers et je viens les prendre. (*Il va prendre le sac, qu'il ouvre.*) Il faudra leur imposer de nouvelles privations... (*Il sort les effets du sac.*) Et avec le peu qui nous reste... (*Cherchant.*) Eh bien!.. mon passeport!.. où est donc... (*Cherchant encore.*) Et... et nos papiers... et notre bourse.... (*Reculant d'un pas.*) Comment!... rien!..

BLANCHE. Qu'as-tu?

DAGOBERT, *retournant son sac et le vidant tout-à-fait.*) Allons donc, est-ce que c'est possible!... Rien... toujours... toujours rien!... (*Cherchant dans ses poches.*) Rien encore!.. (*Se tournant vers les deux jeunes filles.*) Je ne vous les ai pas donné... à garder... dites?

ROSE. Mais que signifie?..

DAGOBERT, *avec force.* Les avez-vous, oui ou non?.. Si c'est non, je prends le premier couteau venu et je me le plante dans le cœur!..

BLANCHE ET ROSE. Dagobert!.. mon ami!..

DAGOBERT. Perdu!.. tout... les lettres... les papiers... leur existence... leur avenir... (*Tombant à genoux devant elles.*) Oh! pardon! je ne sais pas... Ah! quel malheur!.. quel malheur!.. Pardon!.. pardon!.. (*Il sanglote.*)

SCÈNE V.

LES MÊMES, MOROCK, LE BOURGMESTRE.

MOROCK. Le voilà, monsieur le bourgmestre.

DAGOBERT, *se relevant.* Le bourgmestre! allons, notre sort va se décider... du courage!

LE BOURGMESTRE. Oui, c'est lui qui a laissé son cheval entrer dans l'écurie de vos bêtes.

DAGOBERT. C'est faux, monsieur le bourgmestre, on a méchamment enfermé là, le pauvre Jovial, qui était mon seul espoir pour conduire jusqu'à Paris ces deux jeunes filles, trop faibles pour faire la route à pied, trop pauvres pour voyager en voiture.

LE BOURGMESTRE. Ah! les deux demoiselles....

DAGOBERT. Deux pauvres orphelines, monsieur le bourgmestre, deux filles d'exilé dont le bonheur se trouvait au bout de ce long voyage qu'elles entreprenaient bravement, n'ayant au monde qu'un vieux soldat qui les aime, et un vieux cheval qui les porte.

LE BOURGMESTRE. Ces enfants m'intéressent... Quel âge ont-elles?

DAGOBERT. Quinze ans et deux mois, monsieur le bourgmestre.

LE BOURGMESTRE. C'est singulier!.. juste l'âge de ma Frédérique...

DAGOBERT. Vous avez une fille de cet âge?.. Entendez-vous, mes enfants, monsieur le bourgmestre a une fille de votre âge, à présent vous êtes sauvées; il faudra bien qu'on vous rende un cheval.

MOROCK, *à part.* Peut-être... (*Bas au bourgmestre.*) Vous oubliez, monsieur le bourgmestre.

LE BOURGMESTRE. Quoi donc?

MOROCK, *bas.* Qu'il y a bien des vagabonds qui savent adroitement mentir. Je n'accuse personne, mais jusqu'à ce qu'ils aient montré leurs papiers...

LE BOURGMESTRE, *haut.* C'est juste... les papiers... Vos papiers d'abord!

DAGOBERT. Les... nos... nos papiers...

LE BOURGMESTRE. Sans doute.

DAGOBERT. C'est que...

LE BOURGMESTRE. Eh bien?..

DAGOBERT. Eh bien! monsieur le bourgmestre, tout à l'heure, en venant les chercher dans mon sac, je n'ai plus retrouvé ni eux, ni ma bourse, ni ma croix.

MOROCK, *riant.* Sa croix.

DAGOBERT. Oui, ma croix... et si je vous en parle, monsieur le bourgmestre, ce n'est pas par gloriole, mais j'ai été décoré de la main de l'Empereur, et un homme qui a été décoré de sa main, vous savez bien que ça ne peut pas être un mauvais homme, et... et vous nous laisserez aller, moi et ces enfants, n'est-ce pas?

LE BOURGMESTRE. Certainement... je..., mais mon devoir...

MOROCK, *bas.* Et puis, monsieur le bourgmestre doit avoir reçu il y a quelques jours un avis...

LE BOURGMESTRE. C'est vrai.

MOROCK, *bas.* Qui lui annonçait qu'un vagabond et deux aventurières... (*Il lui parle à l'oreille.*)

LE BOURGMESTRE. C'est juste, et moi qui me laissais attendrir...

DAGOBERT. Ah! ce misérable Morock!

BLANCHE. Qu'ont-ils donc?

ROSE. Comme ils nous regardent...

LE BOURGMESTRE. Oui, oui, cet homme peut être un espion ou un agitateur français, et pour monter la tête de nos jeunes fous d'étudiants, il n'y a rien de tel.

DAGOBERT. Un espion, moi!

LE BOURGMESTRE. Et ces deux jeunes filles, malgré leur air innocent, pourraient bien n'être que...

DAGOBERT. Malheureux!.. (*Il s'approche du bourgmestre.*)

MOROCK, *à part.* Bien!..

DAGOBERT, *saisissant le bras du bourgmestre.* Écoutez-moi bien, vous. Tantôt, ce misérable m'a insulté; j'ai tout supporté, il ne s'agissait que de moi... mais je vous préviens que si vous avez le malheur de ne pas parler de ces deux jeunes filles comme si vous parliez de votre enfant, tout

[ACTE I, TABLEAU V, SCENE II.

bourgmestre que vous êtes, je vous jette par la fenêtre.

MOROCK, *à part*. A merveille !

BLANCHE ET ROSE. Dagobert !...

LE BOURGMESTRE. Ah ! vous osez dire que ces deux aventurières !...

DAGOBERT. Chapeau bas ! quand on parle des filles du maréchal duc de Ligny. (*Il lui jette son chapeau.*)

BLANCHE ET ROSE. Grand Dieu !

MOROCK, *à part*. A présent, tout est fini.

LE BOURGMESTRE. Scélérat ! ah ! tu as osé !... à moi ! un bourgmestre !.. Morock, allez, appelez... que les soldats...

DAGOBERT, *qui a fermé la porte*. Vous n'appellerez personne. (*Saisissant le bourgmestre et le jetant dans le cabinet.*) Et d'un !

ROSE ET BLANCHE. Grand Dieu !

MOROCK, *frappant à la porte*. Au secours ! à l'aide !

DAGOBERT, *le saisissant*. A nous deux, le dompteur de bêtes ! je vas te dompter à ton tour. (*Il le jette dans le cabinet dont il ferme la porte à double tour.*)

BLANCHE. Mon ami, mon ami, qu'as-tu fait ?

DAGOBERT. A présent, pas une minute à perdre. (*On entend aboyer à la porte.*) Ah ! mon chien ! (*Il ouvre la porte.*) Tiens-toi là, Rabat-Joie, et le premier qui entre, mange-lo... A nous, maintenant !..

ROSE. Que faut-il faire ?..

DAGOBERT. Les draps, les rideaux, vite, vite !

BLANCHE. Oui, oui.

(*Dagobert et les deux jeunes filles attachent les draps à la fenêtre. Dagobert jette son sac, la pelisse et le reste, par la fenêtre.*)

DAGOBERT. A vous, mes enfants...

BLANCHE. Moi d'abord... (*Elle descend.*)

DAGOBERT. Bien, prenez bien garde.

ROSE. A mon tour. (*Elle descend.*)

DAGOBERT. Pauvres petites ; mais il y a donc un sort maudit sur cette famille-là... oh ! n'importe, général Simon, vos enfants arriveront à Paris au jour convenu, quand je devrais mendier pour elles sur la route !

(*Il passe par la fenêtre et disparaît à son tour.*)

FIN DU QUATRIÈME TABLEAU.

CINQUIÈME TABLEAU.

M. Rodin.

Une chambre très simplement meublée, la porte d'entrée ; au fond une autre porte à gauche ; à gauche, sur le devant, une table de bois noir chargée de papiers ; à droite, une sphère.

SCENE PREMIERE.

RODIN, UN DOMESTIQUE.

(*Au lever du rideau, Rodin, assis devant la table, est occupé à écrire.*)

RODIN, *se retournant au bruit du domestique qui entre*. Qu'est-ce que c'est ?

LE DOMESTIQUE. C'est moi, Monsieur !

RODIN. Ah !.. François !

LE DOMESTIQUE. Monsieur ?

RODIN. Je déjeunerai ici, il faudrait me préparer...

LE DOMESTIQUE. Comme à l'ordinaire ?

RODIN. Oui, du pain, un radis noir, du sel, et un verre d'eau... (*On entend sonner.*) Quelqu'un... allez voir...

(*Le domestique ouvre la porte, d'Aigrigny paraît ; Rodin se lève, salue très bas et se rassied. Le domestique sort.*)

SCENE II.

D'AIGRIGNY, RODIN.

D'AIGRIGNY. Rodin !

RODIN. Monsieur ?..

D'AIGRIGNY. Y a-t-il des lettres de Dunkerque ?..

RODIN. Aucune.

D'AIGRIGNY. La santé de ma mère m'inquiète ; comment mon excellente amie, madame la princesse de Saint-Dizier, ne m'a-t-elle pas écrit ? (*S'approchant de Rodin.*) Le dépouillement de la correspondance étrangère est-il fait ?

RODIN. En voici l'analyse.

D'AIGRIGNY. Lisez.

RODIN, *lisant*. M. Splinder envoie, de Namur, le rapport secret qu'on lui a demandé sur son ami, M. Ardouin.

D'AIGRIGNY. A analyser.

RODIN. M. Ardouin envoie, de la même ville, le rapport secret sur son ami, M. Splinder.

D'AIGRIGNY. Bien...

RODIN. M. Van Ostadt, de la même ville, envoie une note confidentielle sur ses deux amis, MM. Splinder et Ardouin.

D'AIGRIGNY. A comparer avec les deux autres. (*On entend de nouveau le timbre de la porte qui frappe deux coups.*) Voyez ce que c'est ?

(*Rodin se lève, le domestique qui entre lui remet des lettres.*)

RODIN. C'est le facteur.

D'AIGRIGNY, *vivement*. Il n'y a rien de Dunkerque ?

RODIN. Rien.

D'AIGRIGNY. Rien !.. aucune nouvelle de ma mère !.. encore trente-six heures d'inquiétudes !.. oh ! si je n'ai pas bientôt des nouvelles rassurantes je partirai... Enfin... ces lettres, d'où sont-elles ?

RODIN. L'une est de Charlestown, et sans doute relative à Gabriel le missionnaire... l'autre de Batavia, relative à l'Indien Djalma; celle-ci de Leipzig, doit concerner les filles du général Simon.

D'AIGRIGNY, *avec force.* Simon !..

RODIN, *froidement.* Plaît-il ?

D'AIGRIGNY, *se calmant.* Avant d'ouvrir ces lettres, relisez-moi la note relative à cette affaire des médailles.

RODIN, *lisant.* Il y a cent cinquante ans, une famille française protestante, la famille Rennepont, s'est expatriée pour se soustraire aux rigueurs que devait entraîner la révocation de l'édit de Nantes, et les biens de cette famille furent confisqués et abandonnés au. R. R. P. P. de la compagnie de Jésus. Or, on sait que le chef de cette famille fit mander, avant de mourir, un juif qui lui devait la vie et lui remit cent cinquante mille francs, pour, de père en fils, faire valoir cette somme pendant un siècle et demi ; cet ordre a été religieusement rempli, en sorte qu'aujourd'hui les intérêts accumulés doivent former plus de deux cents millions.

D'AIGRIGNY. Deux cents millions !.. c'est impossible !

RODIN. Non, puisqu'en quatorze ans un capital est doublé par les intérêts, au bout de quatorze ans, il y avait trois cent mille francs ; au bout de vingt-huit, six cent mille ; au bout de quarante-deux ans, plus d'un million ; et ainsi de suite jusqu'à la présente année.

D'AIGRIGNY. Poursuivez...

RODIN, *tranquillement.* Plus de... deux cents millions !... qui doivent, au jour convenu, être partagés entre les descendants desdits Rennepont. Ces descendants sont au nombre de six : les demoiselles Rose et Blanche Simon...

D'AIGRIGNY. Lisez la lettre de Leipsik.

RODIN, *lisant.* Excellente nouvelle ! les deux jeunes filles et leur guide étaient parvenus à s'échapper de l'auberge du *Faucon-Blanc*; mais tous trois ont été rejoints, saisis et emprisonnés : ils sont à nous...

D'AIGRIGNY. Bien ! joignez ce fait à la note par un renvoi.

RODIN, *écrivant.* C'est écrit.

D'AIGRIGNY. Passez...

RODIN, *lisant la note.* Le prince Djalma, fils de Radja-Sing, roi de Mondi.

D'AIGRIGNY. La lettre de Batavia.

RODIN. Encore une bonne nouvelle. Le vieux roi indien a été tué à la dernière bataille qu'il a livrée aux Anglais... Son fils Djalma, dépossédé du trône paternel, a été envoyé dans une forteresse de l'Inde, comme prisonnier d'État.

D'AIGRIGNY. Bien ! encore un qui ne saurait être ici pour le mois de février.

RODIN, *lisant la note.* Gabriel Rennepont, prêtre missionnaire, orphelin abandonné, qui a été recueilli par Françoise Baudoin, la femme du soldat surnommé Dagobert... Gabriel, que nous avons, presque malgré lui-même, fait entrer dans notre ordre, est, pour cette grande affaire, l'unique espoir de notre sainte compagnie... Le fondateur de cette immense fortune ayant voulu qu'elle ne fût partagée qu'entre ceux de ses descendants qui se trouveront au jour convenu et en personne dans la maison de la rue Saint-François, tous nos efforts doivent tendre à éloigner, par tous les moyens possibles, mais sans nous compromettre, chacun des héritiers, afin que notre Gabriel se trouve seul au rendez-vous qu'indique à chaque descendant la médaille qu'il possède.

D'AIGRIGNY. Lisez la lettre de Charlestown.

RODIN. Gabriel est attendu d'un jour à l'autre des montagnes rocheuses où il avait absolument voulu aller en mission.

D'AIGRIGNY. Quelle imprudence !

RODIN. Dès son arrivée, on le fera partir immédiatement pour la France.

D'AIGRIGNY. Reste d'une part Adrienne de Rennepont, fille du comte de Rennepont, duc de Cardoville ; c'est la nièce de mon amie, la princesse de Saint-Dizier, et, avec l'aide de cette excellente dame, je me charge de cette enfant.

RODIN. De l'autre, nous avons Jacques Rennepont, surnommé Couche-tout-nu, artisan paresseux, tapageur et dépensier.

D'AIGRIGNY. Vous vous chargerez de celui-là, je vous donnerai mes instructions.

RODIN, *s'inclinant.* Nous l'attendons ici, ce matin même.

(*Le domestique entre et parle bas à Rodin.*)

RODIN. C'est lui !... il paraît qu'il n'est pas seul... il y a une dame.

D'AIGRIGNY. Venez, je vais vous dire ce que vous devrez faire. (*Au domestique.*) Faites attendre ici. (*Ils sortent à gauche.*)

SCÈNE III.
Le domestique, CÉPHISE, JACQUES.

LE DOMESTIQUE. Entrez, et veuillez attendre. (*Il sort.*)

JACQUES, *qui l'a regardé sortir.* Céphise, mon amour, si vous voulez me dire ce que nous venons faire ici, tu m'obligeras beaucoup.

CÉPHISE. Ce que nous venons faire ? mais tu le sais bien, nous venons emprunter de l'argent.

JACQUES. Bon ! nous venons pratiquer un emprunt, et c'est le sieur Rodin, un particulier ci-inclus, qui a brigué l'honneur de soumissionner ledit emprunt !... Mais il ne me connaît donc pas, le malheureux ?

ACTE I, TABLEAU V, SCÈNE IV.

CÉPHISE. Mais au contraire.

JACQUES. Il me connaît? alors il ne prêtera rien du tout..

CÉPHISE. Et moi, je te dis qu'il prêtera.

JACQUES. Ecoute, ma bonne, tu ne peux pas souffrir le travail en été, parce que tu raffoles des lilas, des bosquets et des bals champêtres, ce qui fait, que pour te plaire, je ne travaille pas tant qu'il fait chaud! moi, au contraire...

CÉPHISE. Toi, tu as horreur du travail en hiver, parce que tu adores l'estaminet, le spectacle et les bals masqués; ce qui fait que, par amour, je ne travaille pas tant qu'il fait froid.

JACQUES. Eh bien! de ces deux existences laborieuses, il n'en est pas résulté un grand fond de ressources... Il ne suffit pas de dépenser beaucoup et de ne rien gagner du tout pour passer pour des millionnaires... En un mot, ou ton M. Rodin ne sait pas qui nous sommes, et dans ce cas il prêtera peu à des inconnus, ou il le sait parfaitement, et alors il ne prêtera pas du tout.... J'aime mieux m'en aller.

CÉPHISE. Eh bien, va-t'en. Moi, qui suis sûre de mon fait, j'emprunterai seule.

JACQUES, *avec hauteur*. Céphise!... auriez-vous l'intention?...

CÉPHISE. Que t'es bête! Tu sais bien que j'ai tous les défauts; que j'aime la parure, les bals, les plaisirs; mais je t'aime encore mieux que tout ça! Vois-tu, Jacques, s'il me fallait reprendre la vie de travail, de privations et de misère que je menais avec ma pauvre sœur, qu'ils appellent la Mayeux, cette vie-là me tuerait; mais si je te perdais, Jacques, je me tuerais moi-même.

JACQUES. Tiens, parbleu!... J'y compte bien!

CÉPHISE. Ah! v'là l'effet que ça vous fait de savoir que je me tuerais pour ça!... (*Elle le montre.*)

JACQUES, *la montrant*. Eh bien! je me tuerais bien pour ceci!

CÉPHISE. Mais, pour le moment, il s'agit de vivre, et de bien vivre... Je te dis que je suis sûre de ce M. Rodin, puisque c'est lui qui a offert de te prêter...

JACQUES. Lui-même... alors, il faut savoir ce qu'il va demander en échange.

CÉPHISE. Chut! le voilà!

JACQUES, *en voyant Rodin*. Comment, c'est ce vieux restant d'homme-là?...

CÉPHISE. Tais-toi donc...

JACQUES. Si sa caisse n'est pas plus arrondie que ses jambes, il ne prêtera pas gras...

~~~~~~~~~~~~~~~~~~~~~~~~~~~~~~~~~~

SCÈNE IV.
LES MÊMES, RODIN.

RODIN, *qui les a examinés*. C'est vous, mon jeune ami, qu'on nomme...

JACQUES. Couche-tout-nu.

CÉPHISE. Ah!

JACQUES. Parce que j'ai l'habitude de me priver la nuit de... bonnet de coton.

RODIN. Oui, Jacques Rennepont.

JACQUES. Dit Couche-tout-nu.

RODIN. Je sais que vous avez besoin d'argent : quelle somme vous faut-il?

JACQUES. Quelle somme?... mais, dame! ça dépend de ce que vous pourriez... (*Bas.*) Dis donc, Céphise, quelle somme, il n'a pas l'air calé.

CÉPHISE, *bas*. Bah! y en a tant qui brillent à crédit.

RODIN. Allons, allons, ne vous gênez pas.

JACQUES. Eh bien! si ça n'était pas trop de trois ou quatre c....

RODIN. Trois ou quatre mille francs?...

JACQUES, *étonné*. Quatre mille francs!...

CÉPHISE. Quatre mille francs!...

RODIN. Ce n'est peut-être pas assez... (*Sortant des billets d'un portefeuille.*) Tenez, en voilà six, et n'en parlons plus.

JACQUES. Certainement... je ne demanderais pas mieux que de prendre et de n'en plus en parler jamais, oh! jamais! Mais qu'est-ce que vous allez me...

RODIN. Quoi?

JACQUES. Demander de....

RODIN. Quoi?...

CÉPHISE. Il demande ce que vous voulez qu'il fasse pour tout cet argent?

RODIN. Ce que je veux qu'il fasse? mais son billet, voilà tout.

JACQUES. Mon billet (*Allant à la table.*) Voilà. (*S'arrêtant.*) Mais... là... parlons franchement... il y a quelque chose là-dessous...

CÉPHISE. Le fait est que maintenant je ne comprends pas...

RODIN. Mais c'est tout simple, et je vais vous mettre au fait en deux mots : vous possédez, n'est-ce pas, une médaille mystérieuse?

JACQUES. Oui.

RODIN. Qui indique un rendez-vous.

CÉPHISE. Pour le treize février.

JACQUES. Oui.

RODIN, *baissant la voix*. Eh bien! je sais, moi, qu'il s'agit d'un héritage.

JACQUES ET CÉPHISE. Un héritage!...

RODIN. Un héritage énorme... Plus de deux cents...

JACQUES. Deux cents?..

RODIN. Mille francs!..

JACQUES. Deux cent mille francs?.. Mais il y a de quoi couvrir ma Céphise de cachemires, de dentelles et de diamants!.. Mais je prendrai tous les jours trois sapins à la fois, pour me promener tout seul... J'irai tous les soirs à l'Opéra et je louerai la première galerie pour nous deux!... A l'Ambigu, les jours de première représentation, je veux qu'il n'y ait que moi dans la salle!...

est bien devenu papa, et Sixte-Quint n'était qu'un gardeur de pourceaux !

RODIN. Vous comprenez que mon petit calcul est tout simple... Je suis ce qu'on appelle vulgairement un vieux bonhomme d'usurier... Vous devez hériter le 13 février... C'est le 13 février, je crois, que dit la médaille ?..

CÉPHISE. Oui, oui, le 13 février.

RODIN. Eh bien ! je vous donne six mille francs, et je fais échoir votre lettre de change, que nous faisons de huit mille...

JACQUES. Ce n'est pas trop cher.

RODIN. Je la fais échoir quelque temps avant la bienheureuse époque de l'héritage ; en sorte que je vous oblige à me faire un deuxième petit...

JACQUES. Petit renouvellement... Eh ! eh ! c'est ça, n'est-ce pas, papa ?

RODIN. C'est absolument ça, mes enfants... ils sont charmants !

JACQUES, *écrivant*. Eh bien !.. papa Rodin, je vous soignerai encore un petit renouvellement.

RODIN. Et moi aussi, j'aurai soin de vous...

JACQUES. Voilà votre effet en règle.

RODIN. Et voilà vos billets. (*Il les lui donne.*)

JACQUES, *comptant*. Deux, quatre et six !

CÉPHISE. Six mille francs !... quelle fortune !... A nous Paris !

JACQUES. A nous la France !.. Six chiffons de mille... et quand je pense qu'au bout de tout ça y en a encore... Tiens, je crois que j'en deviendrai fou !.. (*Il danse avec Céphise.*) Phise, il serait d'une politesse supérieure de lui donner notre bénédiction... Papa Rodin !

RODIN, *se levant*. Eh bien ! quoi !

JACQUES ET CÉPHISE. Nous vous bénissons !

RODIN, *seul*. Oui, six mille francs, et au bout... la prison pour dettes !

SCÈNE V.
RODIN, D'AIGRIGNY.

D'AIGRIGNY. Eh bien ?

RODIN, *lui montrant le billet*. Encore un que nous tenons, voyez...

D'AIGRIGNY. A merveille !..

LE DOMESTIQUE, *paraissant*. Monsieur Rodin ! (*Rodin va à lui, le domestique lui remet deux lettres.*)

D'AIGRIGNY. Que nous veut-on ?

RODIN. Madame la princesse de Saint-Dizier a profité du départ d'une estafette pour envoyer des nouvelles.

D'AIGRIGNY. De ma mère... Donnez, donnez vite ! (*Ouvrant la lettre.*) Enfin !.. (*Il lit des yeux.*) Ma mère !... Qu'ai-je lu ?.. Oh ! mon Dieu !.. ma mère !..

RODIN. Serait-il arrivé quelque malheur ?

D'AIGRIGNY. Son état est presque désespéré ; pourtant le médecin pense que ma présence la sauverait peut-être... car elle m'appelle sans cesse ; elle veut me voir une dernière fois pour mourir en paix !.. Oh ! ce désir est sacré... Ne pas m'y rendre serait un parricide !.. Pourvu que j'arrive à temps...

RODIN, *froidement*. Ah ! mon Dieu ! quel malheur !

D'AIGRIGNY. François ! François ! (*Le domestique entre.*) Vite, ma voiture, des chevaux de poste... Ne perdez pas un instant... (*Le domestique sort.*) Ne pas la revoir... oh ! ce serait affreux !

RODIN, *doucement*. Il y a une seconde lettre...

D'AIGRIGNY, *sans l'écouter*. Non... non... c'est impossible... j'arriverai à temps, on la sauvera.

RODIN. Il y a une...

D'AIGRIGNY. Le médecin l'a dit, ma présence...

RODIN, *sèchement*. Monsieur, on vient aussi d'apporter celle-ci... c'est très important et... très pressé.

D'AIGRIGNY. Voyez ce que c'est... répondez, je n'ai pas la tête à moi.

RODIN. Mais cette lettre est confidentielle, je ne puis l'ouvrir... ainsi que vous le voyez à la marque de l'enveloppe.

D'AIGRIGNY, *d'une voix grave et baissant la tête*. C'est vrai !... « Rome, octobre 1831. (*Lisant.*) Toute affaire cessante, sans perdre une minute, partez et venez ! » Grand Dieu ! partir sans revoir ma mère... mais c'est affreux ! c'est impossible ! (*Rodin qui l'a observé attentivement, lui montre, sans rien dire, le cachet de la lettre.*)

D'AIGRIGNY. Je partirai !..

LE DOMESTIQUE. La voiture est prête.

D'AIGRIGNY, *accablé*. Allons...

LE DOMESTIQUE. Route de Dunkerque, Monsieur ?

D'AIGRIGNY, *d'une voix sourde*. Non !.. (*Relevant la tête.*) Route d'Italie !.. (*Il sort.*)

RODIN, *il salue profondément, puis se voyant seul, il redresse sa taille courbée jusque-là, son regard s'anime ; il marche à grands pas, puis s'approche de la table et écrit en parlant. Il part, mais il a hésité !* (*Parlé.*) Cette lettre arrivera à Rome aussitôt que lui. (*Écrivant.*) Je le surveille toujours, dites au cardinal, Prince, qu'il peut compter sur moi, mais qu'à son tour il songe à me servir activement. (*Il ferme la lettre et va à la sphère.*) Leipzig !.. Charlestown !... Batavia !... et dans chacune de ces trois villes si lointaines, il existe des gens qui ne soupçonnent guère que d'ici, de cette petite rue obscure, du fond de cette chambre, on suit tous leurs mouvements, on sait toutes leurs actions... toutes leurs pensées !.. et que d'ici vont partir des ordres qui seront inexorablement exécutés !.. Il s'agit d'un intérêt immense, qui peut avoir une puissante action sur l'Europe, sur le monde !.. Oh ! rendre la vie, la toute puissance à notre ordre !.. le doter de tous ces millions !... oui, j'y parviendrai et ensuite... Ensuite... Sixte-Quint

LE DOMESTIQUE, *apportant sur une assiette un radis noir, un verre d'eau et un morceau de pain.* Votre déjeuner, Monsieur Rodin!

RODIN, *se mettant à table.* Bien, j'ai grand appétit. (*Il coupe le radis noir.*)

LE DOMESTIQUE. Un radis noir! le saint homme! En voilà un qui n'a que des goûts bien humbles!

RODIN. Sixte-Quint n'était qu'un gardeur de pourceaux et Sixte-Quint est devenu pape. Patience! patience! (*Il se met à manger le radis.*)

FIN DU PREMIER ACTE ET DU CINQUIÈME TABLEAU.

ACTE DEUXIÈME.

SIXIÈME TABLEAU.

Le Château de Cardoville.

Salle rectangle, oblongue, n'occupant que le premier plan du théâtre, dans le château de Cardoville, peintures élégantes, portes larges, à droite et à gauche, fond plein et qui n'est percé d'aucune ouverture.

SCÈNE PREMIÈRE.
GRINGALET, DUPONT.

DUPONT. Mademoiselle de Cardoville n'a pas encore sonné?

GRINGALET. Pas encore!.. faut croire qu'elle n'est pas réveillée... voilà pourtant trois forts quarts d'heure que je suis levé, moi.

DUPONT. Vous et elle ça fait deux.

GRINGALET. Parbleu!.. un et une font deux, c'est connu, mais moi je suis ici pour me reposer de mes fatigues passées... On m'a envoyé dans ce château pour m'y bien nourrir, m'y bien vêtir, et m'y bien dormir.

DUPONT. Vous aviez donc éprouvé de bien grandes fatigues?

GRINGALET. Oh! oui, sans compter les dangers que j'ai affrontés, et qui ont aussi pas mal aidé à diminuer mon embonpoint!.. Imaginez-vous, Monsieur, que j'étais au service d'un faiseur voir de bêtes, telles que lions, panthères, baleines et autres bipèdes. Un jour, le patron me défend de donner à manger à la panthère... la Mort!..

DUPONT. La Mort?..

GRINGALET. Oui! c'est le nom de c'te dame. Patron, que je réponds, la panthère a de la rancune, si je ne lui donne pas son souper de ce soir, elle est capable de me croquer quéque chose pour son déjeuner de demain. Le patron me rit au nari-nes... le lendemain je porte aux animaux leur repas quotidien, ils me reçoivent en grognant. J'arrive à la panthère, v'là qu'elle m'accueille avec un joli petit sourire, et en faisant ron! ron! comme pour me dire tiens : bonjour, mon petit Gringalet... mais pourquoi donc que tu n'es pas venu me voir hier? Cette aménité me surprend ; je me dis : les naturalistes ont calomnié la panthère, elle est douce comme un limaçon !.. Mais au moment où je m'en vais, je sens quéque chose qui me retient par derrière, plus bas que les reins, plus haut que les jambes!.. Je veux m'éloigner, mais voilà que ça me tire!.. que ça me tire!.. et je sens les griffes de la bête qui se mettent à me travailler par là... et qui emportent tout le fond de mon pantalon, avec un peu de ce que j'avais dedans!..

Vous comprenez que je n'ai pas voulu rester dans une maison où on me mangeait encore plus que je ne mangeais moi-même. Alors mon patron m'a envoyé à Paris, il m'a adressé à un saint homme, M. Rodin, qui m'a placé ici pour que je m'y refasse... si c'est possible!.. Je me soigne autant que je peux... je mange autant que je contiens, mais ça n'avance à rien... car j'ai beau prendre du ventre, Monsieur, j'ai beau engraisser de ceci. (*Il montre son ventre.*) Ça ne me rend pas ce que j'ai perdu!..

DUPONT. Et c'est M. Rodin qui vous a envoyé ici, en Picardie, dans ce vieux château de Cardoville?

GRINGALET. Il aura pensé que l'air de la mer était bonne pour ces sortes de blessures, l'honnête homme, et il m'a recommandé à madame la princesse de Saint-Dizier.

DUPONT. Et là-bas, à Paris, vous avez vu mademoiselle de Cardoville?

GRINGALET. Non, mais je la verrai ce matin, puisqu'elle est arrivée de cette nuit, et je suis curieux de la voir, quoique je ne l'aime guère.

DUPONT. Pourquoi?

GRINGALET. Elle est trop riche.

DUPONT. Est-ce que vous êtes de ceux qui voudraient supprimer les rivières parce qu'ils n'ont pas d'eau dans leur jardin?

GRINGALET. Elle dépense trop en choses inutiles.

DUPONT. Aimeriez-vous mieux qu'elle enterrât son argent?

GRINGALET. Et puis on parlait tant d'elle chez madame de Saint-Dizier et chez son ami... l'abbé d'Aigrigny.

DUPONT. Le colonel d'Aigrigny.

GRINGALET. Non, l'abbé d'Aigrigny.

DUPONT. Le colonel!...

GRINGALET. L'abbé!...

DUPONT. Enfin, n'importe... Et l'on disait?..

GRINGALET. Ah! des choses... mais des choses... bien caucasses, allez! D'abord qu'elle a mangé tant de carottes depuis sa naissance, que ses cheveux en ont juste la couleur. Ensuite qu'elle est aux trois quarts folle, qu'elle n'aime absolument que ce qui est beau, qu'elle ne veut être entourée que de belles choses et de belles personnes, qu'elle a pour femmes de chambre des jeunes filles vêtues comme des nymphes, et qui l'habillent en déesse; qu'elle les égratigne la moitié du temps et qu'elle les mord pendant le reste, parce qu'elle se grise... sans compter que toutes les nuits elle joue du cor de chasse.

DUPONT. Je reconnais bien là la haine de sa vertueuse tante et de tous ceux qui l'entourent... mais tu verras mademoiselle Adrienne et tu jugeras.

GRINGALET. Je la verrai! je la verrai! mais où donc, que je la verrai?

DUPONT. Ici même, à sa toilette. (*Montrant le fond.*)

GRINGALET, *examinant le fond du théâtre*. Ici? par où sortira-t-elle?... il n'y a pas de portes.

DUPONT. Elle ne sortira pas.

GRINGALET. Alors, par où entrerons-nous? puisqu'il n'y a pas de portes?

DUPONT, *riant*. Qu'est-ce que ça fait?

GRINGALET. Ça change toutes mes habitudes... après ça elle est si riche! (*On entend sonner une cloche en dehors.*)

DUPONT. C'est la cloche de la grille... qui peut venir encore?

GRINGALET. Hein?

DUPONT. Je te dis d'aller voir!...

GRINGALET. Merci! je ne suis pas curieux...

DUPONT, *le poussant*. Mais va donc! puisque je te l'ordonne!...

GRINGALET. Ah! fallait donc le dire. (*Bruit de vent et d'orage.*)

DUPONT, *seul*. Cette tempête n'a pas cessé de toute la nuit. Pourvu que les deux bâtiments qui étaient en vue puissent résister et ne pas se laisser entraîner à la côte.

GRINGALET, *rentrant*. C'est ce bon M. Rodin.

DUPONT. M. Rodin!...

GRINGALET. C'est ce vertueux M. Rodin...

DUPONT. Le secrétaire de M. d'Aigrigny, de l'ami de madame la princesse de Saint-Dizier.

GRINGALET. Par ici, par ici, monsieur Rodin!

SCÈNE II.
LES MÊMES, RODIN.

RODIN. Bonjour, monsieur Dupont; mademoiselle Adrienne de Cardoville est ici?

DUPONT. Oui, Monsieur, arrivée depuis hier soir.

RODIN. Est-elle visible?

DUPONT. Pas encore, nous l'attendons.

RODIN, *avec intention*. Est-ce qu'elle n'est pas logée dans la chambre verte?

DUPONT. Non, Monsieur, elle est logée dans la chambre qui donne à l'extrémité du jardin d'hiver.

RODIN. (*Même jeu.*) Et elle n'a pas été à la chambre verte?

DUPONT. Non, Monsieur.

RODIN. J'ai trouvé le village et la ferme bien agités; on craint un sinistre sur la côte.

DUPONT. Hélas! Monsieur, déjà, à l'équinoxe dernier, pareil malheur est arrivé; j'ai donné l'ordre de réunir tous les moyens de sauvetage, mais je voudrais que mademoiselle de Cardoville ne fût pas témoin... ne sût même rien.

RODIN. Vous êtes un bon serviteur, monsieur Dupont, aussi je m'intéresse à vous. Vous savez que M. le colonel d'Aigrigny...

GRINGALET. Oui, l'abbé.

RODIN. Est entré dans les ordres. La foi l'a illuminé, ce n'est plus que l'humble abbé d'Aigrigny; mais comme il est resté l'ami, le conseiller de madame la princesse de Saint-Dizier, il s'est souvenu de vous...

DUPONT. De moi?

RODIN. Il voudrait vous conserver votre place.

DUPONT. Ma place, c'est toute ma fortune, c'est ma seule ressource, c'est la vie de mes enfants.

RODIN, *se levant*. Eh bien! il est probable qu'après la liquidation des affaires de la famille, le château appartiendra à madame la princesse, qui vous conservera si... vous consentez...

DUPONT. A quoi, Monsieur?

GRINGALET. De quoi? à quoi? à tout, parbleu; qu'est-ce qui ne consentirait pas à tout pour avoir une place? Est-il jeune, ce vieux-là!

RODIN. Il faudrait, pendant les séjours réitérés que mademoiselle de Cardoville pourra faire ici... il faudrait nous aider à ramener cette âme égarée, car réellement elle est égarée.

GRINGALET. Oh! oui.

RODIN, *avec attendrissement*. Et il est affreux de penser qu'une personne si bien douée par la providence est dans une voix de perdition.

GRINGALET. Quel bon dieu d'homme!

DUPONT. Mais par quel moyen?

RODIN. D'abord... s'arranger pour qu'elle rencontre quelquefois par hasard... un vénérable curé.

DUPONT. Bon! nous en avons un excellent, le plus digne homme de la terre, que Mademoiselle rencontrera forcément et qu'elle aimera tout de suite... le curé d'Anicour.

RODIN. Il faudrait, au contraire, lui vanter beaucoup et sans cesse M. le curé de Roiville.

DUPONT. De Roiville?

RODIN. S'arranger pour les faire se trouver ensemble.

DUPONT. Mais, Monsieur, vous ne savez donc pas ce qu'on dit du curé de Roiville?

RODIN. Que dit-on?

DUPONT. On dit que...

RODIN. Que?

DUPONT. On dit que c'est un Jésuite.

ACTE II, TABLEAU VII, SCÈNE I.

RODIN, *riant aux éclats.* Un Jésuite ! ah ! ah ! ah ! un Jésuite !

GRINGALET, *riant aussi.* Un Jésuite ! ah ! ah ! ah ! un Jésuite ! (*Froidement.*) Qu'est-ce que c'est que ça, un Jésuite ?

RODIN. Un Jésuite ! est-ce qu'il y a des Jésuites dans ce temps-ci ?

GRINGALET. Mais non, il n'y a pas le moindre Jésuite.

DUPONT. Cependant, Monsieur...

RODIN. Mon cher monsieur Dupont, je connais le curé de Roiville comme s'il était mon propre frère ; vous pensez bien que, pour rien au monde, je ne voudrais me souiller d'un mensonge. Eh bien ! je vous affirme, sur le salut de mon âme, qu'il n'est pas plus Jésuite que je ne le suis moi-même !

GRINGALET. Ah !

DUPONT. C'est que l'on m'a trompé.

RODIN. Certainement... et d'ailleurs, pour être bien rassuré sur la façon dont il pourra diriger cette pauvre âme et pour mettre à couvert votre responsabilité, on désire que vous rendiez compte, deux fois par semaine, de tout ce qui pourrait se dire, se faire, se penser même.

DUPONT. Mais, Monsieur, c'est de l'espionnage, et j'aimerais mieux mourir de faim...

RODIN. De l'espionnage ! oh ! quel horrible mot !

GRINGALET. Y a pas d'espionnage.

RODIN. Pouvez-vous flétrir ainsi l'un des plus doux, des plus saints penchants de l'homme, la confiance !

GRINGALET, *à Dupont.* Certainement... depuis que je suis ici, moi, je confie à Monsieur tout ce que vous dites et tout ce que vous faites... je m'épanche dans le sein de Monsieur.

DUPONT. Comment vous avez osé ?...

RODIN. Faire ce qu'on vous demande à vous-même ; écrire, en confidence, tout ce qui se passe dans les moindres détails. Certainement, c'est à ces conditions que vous resterez régisseur, sinon, j'aurai la douleur d'être forcé d'en choisir un autre.

GRINGALET. Nous aurons la douleur d'être forcés...

DUPONT. Monsieur, par pitié, je vous en conjure... (*Avec force.*) Mais que lui veut-on, à cette pauvre jeune fille, pour l'entourer, pour l'espionner ainsi ?...

RODIN. Ramener son âme, la sauver, mon bon monsieur Dupont.

DUPONT. Dites la perdre, plutôt...

RODIN, *sèchement et en entendant sonner un timbre.* On vient ; plus un mot, Monsieur, ou la misère pour vos enfants et pour vous !...

GRINGALET. Est-ce que cette sonnette annonce Mademoiselle ?

DUPONT. Tu vas la voir ! (*Deuxième coup de timbre.*)

FIN DU SIXIÈME TABLEAU.

SEPTIÈME TABLEAU.

Le boudoir d'Adrienne.

Le fond du théâtre se retire à droite et à gauche, et ouvre une rotonde demi-circulaire de la plus grande élégance et couverte d'élégantes peintures ; vers la droite, Adrienne est assise devant une riche toilette, trois femmes de chambre, dans des costumes de fantaisie, sont occupées autour d'elle. Adrienne, pendant tout le dialogue suivant, reste en face de la glace, se prêtant aux soins que ses femmes lui rendent.

SCÈNE PREMIÈRE.

ADRIENNE, SES FEMMES, RODIN, DUPONT, GRINGALET.

DUPONT, *à Gringalet.* Qu'en dis-tu ?

GRINGALET. Je dis qu'elle a les cheveux rouges.

ADRIENNE. Eh bien, mon cher Dupont, et votre femme ? Je ne l'ai pas vue hier.

DUPONT. Vous êtes bien bonne, Mademoiselle ; elle est un peu souffrante.

ADRIENNE. Avez-vous vu le médecin ?

DUPONT. Dame ! Mademoiselle, c'est un peu cher, et la ville est loin.

ADRIENNE. Aussitôt que vous aurez fini, vous irez dire d'atteler, puisqu'on part tout de suite pour la ville, et qu'on ramène le docteur sur-le-champ... on dira que c'est pour moi.

DUPONT. Oh ! il viendra tout de suite, Mademoiselle.

ADRIENNE. Avec qui causiez-vous donc tout-à-l'heure, Dupont ?

DUPONT. Avec ce garçon, que madame la princesse votre tante a envoyé ici il y a un mois.

ADRIENNE. Voyons. (*Gringalet s'avance avec force salutations.*) Si ce garçon reste ici, vous l'emploierez au service extérieur.

GRINGALET, *revenant à Dupont.* Pourquoi donc extérieur !

DUPONT, *riant.* Parce qu'elle ne t'a pas trouvé assez beau pour désirer te voir souvent.

GRINGALET, *à part.* C'est singulier ; à la manière dont je me suis présenté, elle n'a pourtant pas pu voir ce qui me manque.

DUPONT, *bas.* Va voir si on est bientôt prêt pour aller à la côte, et pas une parole devant elle.

ADRIENNE. Il y a encore quelqu'un là?

RODIN, *s'avançant.* Moi, Mademoiselle.

ADRIENNE. Monsieur Rodin, le secrétaire de M. l'abbé d'Aigrigny, l'ami particulier de ma tante?

RODIN. Moi-même, Mademoiselle.

ADRIENNE. Est-ce le vent de la tempête qui vous a porté ici, monsieur Rodin?

RODIN. Veuillez vous souvenir, Mademoiselle, que je suis un pauvre vieillard forcé d'obéir aux ordres qu'on lui donne.

GRINGALET, *rentrant et bas à Dupont.* On n'attend plus que les échelles, les cordes, le bateau de sauvetage, les pilotes et les marins.

DUPONT, *bas.* Qu'on se hâte... qu'on envoie dans les villages voisins. *(Gringalet sort.)*

ADRIENNE. A qui parliez-vous donc là, Dupont?

DUPONT. Quelques ordres, Mademoiselle. *(Bruit de vent.)*

ADRIENNE. Quelle belle et grande chose que le bruit de la tempête!... Dieu est bien effrayant dans sa colère. Monsieur Rodin, à propos, vous ne m'avez pas dit pourquoi vous m'avez suivie de si près.

RODIN. Vous n'avez pas dit non plus à Madame la princesse de Saint-Dizier pourquoi vous partiez si brusquement.

ADRIENNE. Tenez-vous à le savoir? C'est parce que cet espionnage de la princesse sur toutes mes actions, cette interprétation de toutes mes paroles me blesse et me fatigue; parce que ses projets ténébreux, où elle voudrait me forcer à entrer, me répugnent et me révoltent, parce que, pendant quelques jours, j'ai voulu parler, agir, respirer librement. Maintenant, à votre tour, pourquoi êtes-vous venu?

RODIN. Madame la princesse m'a ordonné de venir prendre au château une petite cassette qui lui appartient et qui se trouve dans la chambre verte. Mais si Mademoiselle, qui, après tout, est chez elle, refuse l'autorisation...

ADRIENNE. Je ne fais pas à ma digne tante l'injure de la croire capable de s'approprier quelques bijoux ou quelques valeurs qui ne lui appartiendraient pas.

RODIN. Il n'y a dedans que de vieux brimborions, de vieux papiers et une vieille médaille sans valeur, sans la moindre valeur.

ADRIENNE. Dupont, remettez les clés.

GRINGALET, *rentrant, bas à Dupont.* Tout le monde est prêt... les deux bâtiments sont poussés vers la côte.

ADRIENNE. Mais qu'y a-t-il donc? pourquoi ces allées et venues? je veux le savoir.

DUPONT. Quelques précautions à cause de la tempête.

ADRIENNE. Est-ce que la côte n'est pas sûre?

DUPONT. A quelque distance, il y a des récifs.

ADRIENNE. Des navires s'y sont-ils quelquefois perdus? *(Coup de canon.)* Quel est ce signal?

RODIN, *froidement.* Quelque navire qui va périr, sans doute.

ADRIENNE. Comment, périr! ici, près de moi? et nous restons immobiles.

DUPONT. Je n'osais pas vous dire... *(Nouveau coup de canon.)*

ADRIENNE. Je veux voir moi-même. *(Elle va à un angle de fenêtre, pousse un ressort, et les stores se levant par un mouvement rapide, laissent voir en panorama la mer, et au loin deux bâtiments balotés par l'orage et tirant le canon de détresse.)* Grand Dieu! un bateau à vapeur en détresse, un bâtiment démâté! qu'on sonne le tocsin du château! tout le monde ici!

(Gringalet sort en courant pendant qu'elle parle; Adrienne, dans la toilette la plus brillante, a pris un châle dans lequel elle s'enveloppe.)

DUPONT. On est déjà réuni, on va venir.

ADRIENNE. Voyez, ils se rapprochent; ils risquent à chaque instant de se briser l'un contre l'autre.

DUPONT. Voilà tout le monde, Mademoiselle. *(Entrée rapide des domestiques, paysans et pêcheurs.)*

ADRIENNE, *allant à eux.* Mes amis, il y a là des gens qui vont périr, courons à leur aide. Aux falaises!... vous avez des cordes, des leviers!... que tous ceux du pays nous suivent et se dévouent!.. Courage, mes amis, je me chargerai des veuves, je doterai les orphelins.

TOUS. Partons, partons.

GRINGALET. Partez, partez.

ADRIENNE, *regardant au dehors.* Les deux navires reparaissent et s'éloignent, venez, mes amis.

DUPONT. Comment, Mademoiselle, dans ce costume?

ADRIENNE. Faut-il donc se salir la main pour la tendre aux malheureux? Aux falaises!

TOUS. Aux falaises! aux falaises! *(Ils sortent.)*

GRINGALET, *criant sans bouger de place.* Aux falaises! aux falaises!

RODIN. Petit.

GRINGALET. Monsieur!

RODIN. Est-ce que tu tiens beaucoup à t'exposer là-bas?

GRINGALET. Dame! je suis garçon; on ne dotera ni mes veuves ni mon orphelin, j'ai pas de bénéfice à y aller, moi.

RODIN. Il promet, ce petit. *(Lui frappant sur la joue.)* Mène-moi à la chambre verte, mon garçon, mène-moi à la chambre verte.

FIN DU SEPTIÈME TABLEAU.

HUITIÈME TABLEAU.
La Tempête.

Une plage ; à droite, de hautes falaises qui s'étendent au loin, des lames immenses ballottent au hasard les deux bâtiments ; sur le devant, Adrienne entourée de paysans et de domestiques donne des ordres. Les femmes, les enfants sont agenouillés sur la falaise.

SCÈNE PREMIÈRE.

ADRIENNE. Tous vos cordages sont prêts, n'est-ce pas?

DUPONT. Oui, Mademoiselle, voici des hommes de bonne volonté, prêts à se faire attacher et à se dévouer avec moi.

ADRIENNE. Avec vous? mais vous êtes vieux déjà !

DUPONT. Raison de plus, Mademoiselle, je risque moins qu'un plus jeune. Maintenant, mes amis, soyons attentifs, rien ne peut sauver ces deux bâtiments... Au signal que je donnerai, qu'on nous attache et lâchez les cordages, pour ne les retirer que quand chacun de nous aura saisi une de ces pauvres victimes.

ADRIENNE. Et votre femme! et vos enfants! mon ami.

DUPONT. C'est à vous que je les lègue... j'aime mieux pour eux le pain que vous leur donnerez que celui qu'un autre a voulu me vendre.

ADRIENNE. Regardez, regardez!

(Dans ce moment, les deux bâtiments se sont rapprochés de nouveau. Sur celui de droite, on distingue au milieu de plusieurs passagers Djalma et Gabriel. Sur le bateau à vapeur, un groupe se dessine ; il est composé de Rose, Blanche et Dagobert, qui les tient dans ses bras. Sur le navire à voiles tous les passagers sont à genoux, Gabriel seul est debout les mains tendues vers le ciel, comme pour les exhorter à la prière. Tout à coup un épouvantable cri de désespoir retentit parmi les passagers ; un cri d'horreur lui répond de la plage. Le bateau à vapeur est venu se jeter sur le bâtiment à voiles.)

ADRIENNE, à Dupont. Mon ami, c'est maintenant... c'est maintenant, n'est-ce pas?

DUPONT. Oui, à la mer, nous autres !

ADRIENNE. Et nous, prions pour tous.

(Elle tombe à genoux, les autres l'imitent. Au choc qui vient d'avoir lieu, tout a été renversé sur les deux bâtiments. Les deux jeunes filles seules sont demeurées à genoux et tendent leurs bras vers Gabriel, toujours debout sur l'autre navire. Une lame plus furieuse que les autres enlève l'un des bâtiments et le lance impétueusement sur l'autre. Tous deux sombrent et disparaissent en même temps, au milieu des cris d'agonie et de mort. Le temps s'éclaircit et le soleil rouge des orages vient éclairer la figure du Juif Errant, qui semble dominer cette scène.)

FIN DU HUITIÈME TABLEAU.

NEUVIÈME TABLEAU.
Les Naufragés.

Salle élégante du château de Cardoville, ouvrant par trois arcades sur un parc ; massifs garnis de fleurs ; entrées dans le château, à droite et à gauche.

SCÈNE PREMIÈRE.

RODIN ; *il entre, portant sous le bras une petite cassette.* Tout va bien !.. il a été plus prudent de laisser cette cassette ici jusqu'à ce moment ; car il faut toujours être en garde contre cette Adrienne de Cardoville ; mais, lorsqu'elle se réfugiait ici pour quelques jours, il eût été sans excuse de risquer qu'elle s'emparât de cette médaille... Heureusement, l'instant approche où nous n'aurons plus rien à redouter d'elle.

SCÈNE II.
RODIN, GRINGALET.

GRINGALET. Monsieur, voilà des personnes... des personnes très bien qui arrivent... Madame la princesse de Saint-Dizier et M. le colonel-abbé d'Aigrigny.

RODIN. Eux ici !.. mais que signifie...

GRINGALET. Ah ! pour ça je l'ignore... Mais les voici, ornés d'un vilain Monsieur noir !..

SCÈNE III.

LES MÊMES, LA PRINCESSE, D'AIGRIGNY, UN HOMME VÊTU DE NOIR.

D'AIGRIGNY, à *Rodin.* Eh bien ?..

RODIN, *montrant la cassette.* J'ai réussi !..

LA PRINCESSE. A merveille !.. (*Elle prend la cassette.*) Oui, tout y est, les papiers, la précieuse médaille... Adrienne ne sait rien ?

D'AIGRIGNY. Mais son esprit diabolique peut tout deviner... Il faut donc en finir bientôt avec elle...

RODIN. Le moyen est pénible... pour des cœurs aimants et sensibles... Mais les circonstances nous pressent...

LA PRINCESSE. Tout doit se terminer sous peu, les excentricités, les joies bizarres de ma chère nièce, et ses folles prodigalités sont des armes suffisantes...

D'AIGRIGNY. Il faudrait que pour faire son rapport et prendre des notes, Monsieur pût être placé de façon à tout voir et...

RODIN. Et à n'être pas vu... J'ai examiné par hasard toutes les localités, et je crois que Monsieur serait là... à merveille.

LA PRINCESSE. Allez donc, Monsieur.

D'AIGRIGNY. Et n'oubliez rien. (*L'homme s'incline et entre dans un cabinet à droite.*)

GRINGALET. Je crois qu'ils préparent quelque chose de malsain pour la belle aux cheveux jaunes.

LA PRINCESSE. Où est ma nièce en ce moment ?

GRINGALET. Sur la grève, Madame, occupée à pêcher des infortunés.

D'AIGRIGNY. Oui, elle fait la pêche aux naufragés...

LA PRINCESSE. N'y a-t-il pas assez d'hommes dévoués et courageux sans qu'une jeune fille... Allez la prévenir que nous l'attendons.

GRINGALET. J'y vas, madame la princesse.

D'AIGRIGNY. A l'instant !

GRINGALET. Oui, monsieur le prince. (*Il sort.*)

SCÈNE IV.
LA PRINCESSE, D'AIGRIGNY, RODIN.

D'AIGRIGNY. C'est un coup hardi que nous allons tenter...

LA PRINCESSE. Et nous réussirons, mon ami... Oui, cette Adrienne, si insolente, si hautaine, sera forcée de s'humilier enfin... Mais vous êtes bien triste, Fréder... Monsieur l'abbé ?

D'AIGRIGNY. Je songe à ma mère !.. A elle, que j'ai sacrifiée pour obéir à un devoir... Oh ! le souvenir de sa mort me poursuit toujours !

RODIN. C'est que monsieur l'abbé n'a pu encore parvenir à ce complet détachement que nous est commandé ! Il ne se souvient pas assez de ces terribles paroles : « Celui qui ne hait pas son père et sa mère ne peut être mon disciple !.. »

D'AIGRIGNY. C'est vrai !.. c'est vrai !..

RODIN. Sans doute, ces renoncements sont quelquefois pénibles; mais, en échange, que d'influence !... que de pouvoir pour n... pour monsieur l'abbé !

D'AIGRIGNY. Oui, cette puissance est grande, bien grande... et moi, jadis, si fier à la tête d'un régiment magnifique, je me sens aujourd'hui mille fois plus d'autorité, mille fois plus de force et d'audace !

RODIN. Ah ! c'est qu'il n'y a pas de régiment, d'armée qui fasse aucun homme aussi puissant qu'on le devient à la tête de cette milice noire et muette, qui pense, veut et obéit machinalement !.. qui, sur un signe, se disperse sur la surface du globe, ou se glisse doucement dans le ménage par la confession de la femme et par l'éducation de l'enfant !.. dans les intérêts de la famille par les confidences des mourants... sur le trône enfin, par la conscience inquiète d'un roi crédule et timoré...

LA PRINCESSE. Oui... à nous la puissance !..

D'AIGRIGNY. A nous le monde !..

RODIN, *à part*. A eux tout... (*Riant.*) Et ils me laissent le reste !.. Patience ! patience !

SCÈNE V.
LES MÊMES, ADRIENNE, GRINGALET, DOMESTIQUES.

ADRIENNE. Ma tante, enchantée de votre bonne visite... Mais, en ce moment, vous me trouvez fort occupée...

D'AIGRIGNY. Mademoiselle... il s'agit d'intérêts fort graves...

ADRIENNE, *lui tournant le dos*. Que l'on fasse du feu dans toutes les chambres...

GRINGALET, *qui va pour sortir*. Oui, Mademoiselle.

ADRIENNE. Que l'on prépare des cordiaux...

GRINGALET, *de même*. Oui, Mademoiselle.

ADRIENNE. Enfin... que l'on prépare quatre ou cinq lits...

GRINGALET. Oui, Mademoiselle. (*A part.*) J'en ferai faire un de plus et je me fourrerai dans le sixième. (*Il sort.*)

ADRIENNE. A présent, ma chère tante, je suis à vos ordres...

LA PRINCESSE. C'est fort heureux... (*La princesse va pour s'asseoir à l'autre bout du canapé qu'occupe Adrienne, mais celle-ci l'en empêche en l'occupant entièrement.*) Messieurs, veuillez vous asseoir.

ADRIENNE. En quoi ce que vous avez à me dire peut-il regarder ces Messieurs ?..

LA PRINCESSE. Ces Messieurs sont d'anciens amis de famille, Mademoiselle, et leurs conseils doivent être acceptés par vous avec respect.

ADRIENNE, *avec ironie*. Je ne doute pas, ma tante, de l'amitié toute particulière de M. d'Aigrigny pour notre famille... mais lorsqu'il s'agit de choses graves...

D'AIGRIGNY. Mademoiselle...

ADRIENNE. Voyons, en deux mots, de quoi s'agit-il, Madame ?

LA PRINCESSE. Je vais m'expliquer d'une façon très nette, très précise. Vous allez connaître mes ordres.

ADRIENNE. Mais c'est une véritable déclaration de guerre, cela devient très amusant.

RODIN, *bas.* Prenez garde, mon enfant, prenez garde... (*Adrienne le regarde étonnée.*)

D'AIGRIGNY, *durement.* Il ne s'agit pas de déclaration de guerre... Il s'agit...

ADRIENNE. Ah! monsieur l'abbé... vous, un ancien colonel, vous êtes bien sévère pour une plaisanterie !.. vous qui devez tant à la guerre... vous qui, grâce à elle, avez commandé un régiment français, après vous être battu si longtemps contre la France !.. pour connaître le fort et le faible de ses ennemis, bien entendu...

D'AIGRIGNY. C'en est trop!

RODIN, *bas.* C'est fort !.. c'est fort !..

LA PRINCESSE. C'est d'une inconvenance !.. Il est temps de vous faire connaître ma volonté... Il y a six mois, à la fin du deuil de votre père, vous avez voulu devenir maîtresse de votre fortune... Vous avez quitté l'hôtel pour vous établir dans le pavillon du jardin, loin de toute surveillance... Alors a commencé une suite de fantaisies, de caprices et de dépenses folles... Non-seulement vous n'avez jamais rempli vos devoirs religieux, mais vous avez eu l'audace de profaner un de vos salons, en y élevant je ne sais quel autel artistique et païen... Vous avez passé vos journées, tantôt au milieu de servantes étrangement vêtues, tantôt seule et dans un état d'exaltation si grande, que le docteur a conçu de graves inquiétudes pour votre santé... Enfin vous avez méconnu mon autorité, vous vous êtes plu sans cesse à mettre votre volonté au-dessus de la mienne... Tout ceci est-il vrai, Mademoiselle? Répondez ! (*Moment de silence : anxiété des personnages.*)

ADRIENNE, *froidement.* Tout cela est vrai, Madame.

TOUS. Ah !

D'AIGRIGNY, *regardant vers le cabinet.* Ces faits sont donc avoués... ils nous sont acquis.

ADRIENNE. Vous avez parlé du passé, Madame, j'en dirai donc aussi quelques mots... puisque vous m'y forcez... J'ai quitté votre demeure parce qu'il m'était impossible de vivre davantage dans cette atmosphère de mensonge et de sombre hypocrisie.

D'AIGRIGNY. Mademoiselle, de telles paroles...

ADRIENNE. Quels sont donc les exemples que je trouvais chez vous, Madame?

LA PRINCESSE. Des exemples excellents, Mademoiselle.

ADRIENNE. Excellents !.. Est-ce parce que j'y voyais chaque jour votre conversion complice de celle de M. d'Aigrigny ?..

LA PRINCESSE. Mademoiselle, vous oubliez...

ADRIENNE. Non, je n'oublie pas... je me souviens... je me souviens comme tout le monde, Madame... Je n'avais aucune parente à qui demander asile et j'ai voulu vivre seule... J'ai désiré jouir de mes revenus, parce que j'aime mieux les dépenser noblement que de vous les voir dilapider au profit de M. l'abbé.

D'AIGRIGNY, *hors de lui.* Assez, assez ! Mademoiselle, ou je vous forcerai bien...

ADRIENNE, *avec force.* Taisez-vous, Monsieur... Je parle de vous, mais je ne vous parle pas !..

LA PRINCESSE. Oh ! patience ! patience !..

RODIN, *se frottant les mains.* Pauvre petite !... C'est un ange que ce petit démon-là !

ADRIENNE. Chez moi, je m'habille, dites-vous d'une façon étrange !.. Cela ne regarde que mon miroir... Je sors seule, parce qu'il me plaît d'aller là où me guide ma fantaisie... Je ne vais pas à la messe, soit ; si j'avais encore ma mère, je lui dirais quelles sont mes dévotions, et elle m'embrasserait tendrement... J'adore Dieu dans tout ce qu'il a fait de beau, de noble, de grand, et mon cœur, du matin au soir, répète cette prière fervente : « Merci, mon Dieu ! merci !.. » Le docteur m'a souvent trouvé en proie à une exaltation étrange... Oui, cela est vrai... C'est qu'alors, échappant par la pensée à tout ce qui me rend le présent si odieux, si pénible... (*Regardant Rodin.*) Si laid !.. Je me réfugiais dans l'avenir... C'est qu'alors j'entrevoyais des horizons magiques... C'est qu'alors m'apparaissaient des visions si splendides, que je me sentais ravie dans je ne sais quelle extase sublime et divine et que je n'appartenais plus à la terre !..

LA PRINCESSE. Vous êtes folle, Mademoiselle !

RODIN. Vous le voyez, Madame, on doit pardonner bien des choses à cette poétique exaltation. (*Bas.*) Cette chère enfant... elle serait d'accord avec nous qu'elle ne parlerait pas autrement.

LA PRINCESSE. Désormais, Mademoiselle, voici quels sont mes ordres.

ADRIENNE. Vos ordres !.. Encore !..

LA PRINCESSE. Vous habiterez ma maison ; vous chasserez les filles qui vous servent, et je réglerai seule et votre conduite et vos dépenses.

ADRIENNE. Désormais, Madame, j'habiterai une maison éloignée de la vôtre et j'y vivrai à ma guise.

RODIN. Quelle tête !.. c'est un petit volcan !

LA PRINCESSE. Mais vos folles prodigalités ?

ADRIENNE. J'ai l'intention de les augmenter encore ; je veux, d'ici à quelques jours, qu'il ne me reste absolument rien de ma fortune.

TOUS, *étonnés.* Comment?

ADRIENNE. Oui, je veux dépenser cette fortune tout entière, parce que je sais qu'il doit bientôt m'en échoir une autre.

TOUS. Une autre ?..

ADRIENNE. Une autre, cent fois plus grande encore, et que vous me cachiez, Madame.

D'AIGRIGNY. Mais elle sait donc tout ?

LA PRINCESSE. Elle nous perd.

RODIN, *bas.* Allons donc ! elle vous sauve au contraire... Est-ce qu'aux yeux de la justice tout cela n'est pas de la folie... (*Haut.*) Comment, ma chère demoiselle, vous serez si riche que cela ?

ADRIENNE. Oui, Monsieur.

RODIN. Et qui vous a révélé l'existence de ces trésors immenses ?

ADRIENNE. Un être singulier... un homme étrange, qui n'est pas de ce monde peut-être, mais en qui j'ai foi !...

RODIN, *pleurant.* Ah ! pauvre jeune fille !..... Mais c'est de la folie !

D'AIGRIGNY ET LA PRINCESSE. C'est de la folie !

D'AIGRIGNY, *allant vers le cabinet.* Et vos renseignements, Monsieur, doivent être suffisants.

ADRIENNE. Que signifie ? (*L'homme sort.*) Mais vous me tendiez donc un piége ?

RODIN. Oh ! ma chère demoiselle !

GRINGALET, *dans la coulisse.* Mademoiselle !.. Mademoiselle !

D'AIGRIGNY, *qui a lu les papiers de l'homme.*) Oui, tout y est. (*Bas.*) Nous la tenons, maintenant !

ADRIENNE. Un piége ! Mais dans quel but ?

RODIN, *bas à d'Aigrigny et à la princesse.* Djalma est toujours au fond de l'Inde, les filles du général sont à Leipzig... et dans deux jours... Adrienne...

GRINGALET, *accourant.* Mademoiselle ! Mademoiselle !

ADRIENNE. Qu'y a-t-il ?

GRINGALET. En voilà un qu'on amène de noyé.

ADRIENNE, *remontant et allant vers le parc.* Par ici !.. par ici !..

GRINGALET. Je croyais que tant qu'on buvait, on ne devenait pas enragé..... celui-là a dû bien boire, et pourtant il rage... oh ! mais il rage !...

SCÈNE VI.

LES MÊMES, DAGOBERT, *se débattant contre des paysans qui le portent.*

DAGOBERT. Laissez-moi ! laissez-moi ! Pourquoi m'avez-vous sauvé ? est-ce que je peux vivre, moi ?

GRINGALET. Est-il méchant !.. Il serait capable de se périr, si l'on y mettait de la complaisance.

ADRIENNE, *à Dagobert.* Remettez-vous, mon brave homme, vous êtes avec des amis... Un vêtement pour le réchauffer ! ah ! ce manteau !

(*Elle l'enveloppe avec précaution.*)

RODIN, *à part, l'examinant.* C'est un vieux soldat.

D'AIGRIGNY. En effet !

DAGOBERT. Pauvres enfants ! Pardonnez-moi ! Je luttais pour arriver jusqu'à vous, je ne pouvais pas ! je voulais vous sauver, je ne pouvais pas !.. je vous voyais mourir.. (*Pleurant.*) et je ne pouvais pas ! je ne pouvais pas...

SCÈNE VII.

LES MÊMES, DUPONT.

DUPONT. Mademoiselle ! deux jeunes filles avec leur sauveur.

RODIN. Ah ! il y a deux jeunes filles ?

DUPONT. Deux anges ! quinze ou seize ans tout au plus !

RODIN. Hein ! de quinze ou seize ans.

DAGOBERT. C'était leur âge.

D'AIGRIGNY, *bas.* Qu'avez-vous donc ?

RODIN, *bas.* Attendez.

DUPONT. Oui, deux orphelines, car elles sont vêtues de deuil.

DAGOBERT. Deux orphelines ?..

RODIN, *vivement.* Vêtues de deuil ?

DUPONT. L'une de ces pauvres jeunes filles tenait entre ses deux mains jointes une petite médaille.

RODIN, *avec stupeur.* Une médaille ? (*A d'Aigrigny et à la princesse.*) Entendez-vous, une médaille ?

DAGOBERT. Elles ! est-ce possible ? elles !

DUPONT. Tenez ! tenez ! les voilà !

SCÈNE VIII.

LES MÊMES, ROSE, BLANCHE, GABRIEL.

ROSE ET BLANCHE, *apercevant Dagobert.* Dagobert ! (*Il les embrasse en pleurant.*)

DAGOBERT. Et ce n'est pas moi, ce n'est pas moi qui les ai sauvées !

RODIN. Elles existent !

D'AIGRIGNY. Les filles du général...

ADRIENNE. Mais voyez donc quels charmants enfants. (*Elle s'empresse autour d'elles.*)

RODIN. Oui, elles sont ravissantes !..

ROSE, *à Dagobert.* Allons, mon ami, calme-toi ! calme-toi !

BLANCHE. Puisque nous voilà réunis. (*Rabat-Joie entre et se précipite sur son maître avec mille caresses.*) Tiens, voilà Rabat-Joie aussi.

GRINGALET. Voilà une bonne bête ! elle mange aussi, mais de caresses.

ADRIENNE. Mes robes, mes sels, mes flacons.

ROSE, *à Adrienne.* Oh ! que vous êtes bonne !

BLANCHE. Regarde donc ma sœur, comme elle est jolie !

ADRIENNE, *les embrassant.* Oh ! les adorables petites filles, et c'est là tout ce qu'on a pu sauver des deux équipages ?

GRINGALET. Si, il y en a encore un ; mais il est fêlé, on l'apporte sur un brancard.

DAGOBERT, *se levant.* Qui donc a fait ce que j'aurais dû faire ?

BLANCHE ET ROSE, *prenant chacune une main de Gabriel.* Le voici, notre bon ange !
DAGOBERT. Vous ! un prêtre !
RODIN, *à part* Un prêtre ! (*Il le regarde.*) Gabriel !
D'AIGRIGNY. Lui !
RODIN, *à part.* Gabriel vivant ! Gabriel notre plus sûr espoir !.. Allons je pardonne presque aux autres de s'être sauvés.
DAGOBERT, *qui a été à Gabriel et lui a pris la main.* Votre nom, Monsieur ?
GABRIEL. Gabriel.
DAGOBERT. Gabriel, jeune prêtre missionnaire.
GABRIEL. Et j'ai pour toute famille la femme d'un vieux soldat qui m'a recueilli.
DAGOBERT. Françoise Baudoin, n'est-ce pas ?
GABRIEL. Oui, Monsieur, la femme du brave Baudouin qui m'a élevé avec son fils.
DAGOBERT. Avec mon Agricol ! Gabriel ! mais tu es presque mon fils aussi !
GABRIEL. Eh quoi ! vous êtes ?..
DAGOBERT. Jacques Baudouin, dit Dagobert, et c'est toi qui as sauvé ces deux jeunes enfants-là ! toi ! Eh bien ! à la bonne heure ! c'est presque comme si je les avais sauvées moi-même ! Embrasse-moi, mon garçon ; je vois que dans ton régiment on peut être aussi brave que dans le nôtre.
GABRIEL, *l'embrassant.* Mon ami ! mon père !
ROSE. Il va être notre frère.
BLANCHE. Et rester avec nous.
ADRIENNE, *qui n'a cessé de s'occuper d'elles.* Mais comme j'aime déjà tous ces braves gens-là... je suis sûre, ma chère tante, que vous êtes vous-même tout émue...
LA PRINCESSE. Moi... oui... certes.
DAGOBERT. Mon ami, nous ne nous quitterons plus.
GABRIEL. Jamais, mon père.
RODIN, *bas et lui frappant sur l'épaule.* Peut-être, Gabriel.
GABRIEL. Vous ! vous, Monsieur. (*Apercevant d'Aigrigny.*) Que vois-je ?..
D'AIGRIGNY, *bas.* Silence !
RODIN, *bas.* Dans un instant, soyez prêt à nous suivre...
GABRIEL, *baissant la tête.* Où allons-nous, Monsieur ?
RODIN, *bas et doucement.* A Paris. (*Haut.*) Je vous félicite, mon frère, du bien que vous avez pu faire aujourd'hui.

ADRIENNE, *qui s'est dépouillée pour les petites filles d'une partie de ses vêtements.* Je vais réparer mes pertes et chercher de quoi vous rendre charmantes. (*Elle sort à gauche.*)
DUPONT. Mais on parlait d'un autre naufragé...
GABRIEL. Il se sera évanoui pendant le trajet... c'est un jeune Indien qui se trouvait à bord avec moi.
RODIN, *relevant la tête.* Un Indien !
GABRIEL. Oui, le prince Djalma.
LA PRINCESSE ET D'AIGRIGNY. Djalma !
RODIN, *avec éclat.* Djalma ! n'avez-vous pas prononcé le nom de Djalma ?
GABRIEL. Oui, Monsieur, un jeune homme plein d'énergie et de courage.
D'AIGRIGNY. Lui aussi !..
LA PRINCESSE, *accablée.* Tous !.. tous !..
RODIN. Allons, l'enfer n'est pas pour nous aujourd'hui.

SCÈNE VIII.

LES MÊMES, DJALMA, *transporté par des domestiques et des paysans.*

GABRIEL. C'est lui ! le voilà ! (*On s'empresse autour de Djalma, qu'on dépose sur un lit de mousse.*)
DUPONT. Mon Dieu ! il n'est pas mort, n'est-ce pas ?
BLANCHE ET ROSE, *à genoux.* Mort !
DAGOBERT. Non, je m'y connais... il respire encore.
GABRIEL. Écartez-vous ; laissez-lui de l'air ! il commence à respirer.
DUPONT, *montrant la porte de droite, dont deux domestiques tiennent les portières ouvertes, à mi-voix.* Mademoiselle de Cardoville !
GABRIEL. Du silence autour de lui.
(*A ces mots, s'avance Adrienne, dans un brillant costume. Djalma se soulève ; il regarde avec étonnement autour de lui, puis ses yeux s'arrêtent sur Adrienne, qui a aussi les regards fixés sur lui ; il s'étonne, admire, et ne peut que s'écrier :*)
DJALMA. Qu'elle est belle !
(*Il retombe évanoui ; Rodin, qui a suivi ce mouvement, s'élance vers Djalma et lui met la main sur le cœur.*)

FIN DU NEUVIÈME TABLEAU.

ACTE TROISIÈME.

DIXIÈME TABLEAU.

Françoise Dagobert.

Une chambre pauvrement meublée chez Françoise Dagobert.

SCÈNE PREMIÈRE.

FRANÇOISE, puis LA MAYEUX.

FRANÇOISE. Là, voilà mon couvert mis... il peut arriver maintenant, mon bon Agricol n'attendra pas... ah! sa cuiller, sa fourchette. (*Allant les prendre à l'armoire.*) C'est le cadeau de noces de mon pauvre mari!... (*On frappe doucement.*) Entrez!

LA MAYEUX. Je ne vous dérange pas, madame Françoise?

FRANÇOISE. C'est toi, ma pauvre Mayeux, je ne t'ai pas vue ce matin, tu n'as pas été malade? Viens donc m'embrasser!

LA MAYEUX. J'avais un travail très pressé, madame Françoise, je n'ai pas voulu perdre un moment; je viens seulement de le terminer. Je vais descendre pour chercher du charbon... vous n'avez besoin de rien?

FRANÇOISE. Non, mon enfant, merci, mais tu me vois bien inquiète... voilà six heures et demie, et Agricol n'est pas encore rentré.

LA MAYEUX, *avec effroi.* Oh! mon Dieu! pourvu qu'il ne lui soit rien arrivé!

FRANÇOISE. Non, non, le bon Dieu, que je prie tous les jours, l'aura préservé du malheur... et puis le ciel est juste, il sait bien que, pour une pauvre vieille femme comme moi, c'est assez de la perte de mon pauvre mari.

LA MAYEUX. Oh! M. Dagobert reviendra.

FRANÇOISE, *en doute.* Après dix-huit ans?

LA MAYEUX. Il reviendra, bonne mère, et Agricol... (*A part.*) Agricol ne vient pas.

FRANÇOISE. Il sera arrivé quelque malheur! nous sommes si pauvres, que je fais dire bien peu de messes depuis quelque temps.

LA MAYEUX. Dieu est bon, madame Françoise, il n'exige pas des malheureux tous les sacrifices que vous vous imposez.

FRANÇOISE. Oui, tu crois ça, toi, parce que, tout honnête que tu es, t'as été un peu gâtée.

LA MAYEUX. Gâtée! et par qui? je n'ai ni père ni mère...

FRANÇOISE. T'as vécu trop longtemps avec Céphise.

LA MAYEUX. Ma sœur?

FRANÇOISE. La reine Bacchanal, comme ils disent, et celle-là...

LA MAYEUX. Oh! ne l'accusez pas madame Françoise! elle aussi était bonne, elle était sage, mais le courage lui a manqué... Elle n'a pas pu se faire à la vie de privations... aux quinze heures de travail qui rapportent quinze sous par jour.

FRANÇOISE. Eh! tu t'y es bien habituée, toi.

LA MAYEUX. Oh! moi, quelle différence!

FRANÇOISE. Comment! quelle différence? mais elle était la plus âgée, la plus vigoureuse des deux.

LA MAYEUX. Oui, mais...

FRANÇOISE. Mais?

LA MAYEUX. Elle était si jolie, elle, qu'on doit lui pardonner de rêver les plaisirs de son âge... tandis que moi, madame Françoise... moi, vous savez bien qu'ils m'appellent la Mayeux!

FRANÇOISE. Oh! malheureuse enfant!

LA MAYEUX. Allons donc... est-ce qu'il faut me plaindre? je ne me plains pas, moi! (*Avec douleur.*) Je suis heureuse... il faut un peu m'aimer, voilà tout.

FRANÇOISE. Et nous t'aimons bien, Agricol et moi.

LA MAYEUX, *avec émotion.* Agricol!... ah! écoutez... c'est sa voix, c'est lui!

FRANÇOISE. Oui, c'est lui qui chante... il ne lui est donc rien arrivé... Je ferai brûler deux cierges demain.

SCÈNE II.

LES MÊMES, AGRICOL.

AGRICOL. Bonsoir, ma mère. (*Il l'embrasse.*) Je t'ai fait attendre un peu, mais tu me pardonnes, n'est-ce pas?

FRANÇOISE. Si je te pardonne!

AGRICOL. Comme toujours. Tiens, v'là ma petite Mayeux! bonjour! (*Il l'embrasse.*)

LA MAYEUX. Agricol! (*Elle chancelle et s'appuie d'une main sur le dossier d'une chaise, tandis que de l'autre elle semble comprimer les battements de son cœur.*)

FRANÇOISE. Mais assieds-toi donc là, que je te serve ton dîner.

AGRICOL. Dans ton vieux fauteuil... Notre querelle de tous les soirs va recommencer.

FRANÇOISE. C'est bien le moins que tu te délasses, après un travail si rude.

LA MAYEUX. Oui, nous te servirons toutes les deux! Ah! mon Dieu! quelle belle fleur tu as à la main!...

FRANÇOISE. C'est vrai, je n'en ai jamais vu de pareille.

LA MAYEUX. Et en plein hiver, encore !

FRANÇOISE. Comment donc te l'es-tu procurée ?

AGRICOL. Je vais vous le dire, et ça vous expliquera comment je rentre si tard. Il s'agit d'un amour de petite chienne, pas plus grosse que mon poing, qui est venue se jeter dans mes jambes, au beau milieu de la rue de Babylone. Elle avait au cou un petit collier de chaînettes d'or avec une plaque sur laquelle était écrit : Lutine appartient à mademoiselle Adrienne de Cardoville, rue de Babylone, numéro sept.

LA MAYEUX. Heureusement tu te trouvais dans la rue.

AGRICOL. Comme tu dis : je me rends audit numéro, et là commence un vrai conte de fée !

LA MAYEUX. Un conte de fée !

FRANÇOISE. Parle ! parle !

AGRICOL. D'abord, c'est une jeune demoiselle qui m'ouvre, mais si jolie, si coquettement habillée, qu'on eût dit un charmant portrait des temps passés. En reconnaissant Lutine, elle me prend par la main et m'introduit dans un salon où j'ai eu un tel éblouissement que je ne me rappelle rien qu'une espèce de miroitement d'or, de lumières, de cristal, de fleurs, et, au milieu de ce scintillement, une jeune demoiselle d'une beauté... oh ! d'une beauté idéale.

LA MAYEUX, *avec douleur*. Ah !

AGRICOL. Mais elle avait les cheveux roux... ou plutôt brillants comme de l'or...

FRANÇOISE. Des cheveux rouges !... c'est très laid.

AGRICOL. Très laid !... ce sont les femmes brunes et blondes qui font courir ce bruit-là ! C'était charmant ! Jamais je n'ai vu de cheveux pareils... et avec ça des yeux noirs, des lèvres roses... C'est tout ce que je me rappelle, car, je vous le répète, j'étais si surpris, si ébloui, que je voyais comme à travers un voile.

FRANÇOISE. C'est merveilleux, n'est-ce pas ?

LA MAYEUX. Oui ! oui ! en effet !... si belle ! si jeune ! et si riche !... oh ! que de bonheurs ! que de bonheurs à la fois !

AGRICOL. Enfin, je fus tiré de mon extase par ces paroles, que m'adressait la jeune fille : Sans doute, Monsieur, cela vous a beaucoup dérangé de me rapporter Lutine ; permettez-moi... Et elle me tendit une bourse.

FRANÇOISE. Une bourse !

LA MAYEUX. Ah ! Agricol ! comme elle se méprenait !

AGRICOL. Attends un peu, et tu lui pardonneras... Voyant sans doute à ma mine que son offre m'avait blessé, la jeune fille prend dans un magnifique vase de porcelaine cette superbe fleur, et s'adressant à moi avec un accent rempli de grâce et de bonté : Au moins, Monsieur, me dit-elle,

vous accepterez cette fleur... Et ses beaux yeux semblaient me demander pardon de sa méprise.

LA MAYEUX, *avec tristesse*. Oui, tu as raison, Agricol, il est impossible de mieux réparer une erreur.

FRANÇOISE. Cette digne demoiselle ! comme elle devinait bien mon Agricol !

AGRICOL. N'est-ce pas, ma mère ? Et elle ajouta, au moment où je m'éloignais : Veuillez, je vous en prie, en toute circonstance, vous rappeler le nom et l'adresse d'Adrienne de Cardoville... Et ma foi je crois cette demoiselle si bonne, si généreuse et en même temps si noble, que dans une circonstance importante, je m'adresserais à elle...

LA MAYEUX, *tristement*. Oui, tu as raison, elle peut secourir... elle peut protéger... oui, elle peut se faire adorer, elle !

AGRICOL. Maintenant que l'histoire est finie, mangeons... Ah ! où placer ma fleur ?

LA MAYEUX. Oui, cette belle fleur qui doit te sembler si précieuse.

AGRICOL. Tiens, ma petite Mayeux, je te la donne.

LA MAYEUX, *hors d'elle*. Tu me la donnes ?

AGRICOL. Mais oui.

LA MAYEUX. Tu me la donnes ! cette superbe fleur... que cette demoiselle si belle, si riche, si bonne, t'a donnée !... tu me la donnes ?

AGRICOL. Que diable veux-tu que j'en fasse ?... que je la mette sur mon cœur ?... que je la fasse monter en épingle ?... J'ai été content de la recevoir, et je suis très heureux de te l'offrir, puisqu'elle te fait plaisir.

(*Il se met à table et mange ; la Mayeux baise la fleur sans être vue.*)

FRANÇOISE. Allons, dîne.

AGRICOL. Ah ! quand ne serai-je plus seul comme ça à table ! Quand ce brave père sera-t-il en face de moi ?... Tiens, vois-tu, je ne veux pas penser qu'il arrive, ça me met tout sens dessus dessous.

FRANÇOISE. Il arrive ; Dieu le veuille ! mais il y a si longtemps que je n'espère plus...

AGRICOL. Bah ! nous le reverrons, et ce bon Gabriel aussi.

FRANÇOISE. Ah ! ce serait trop de bonheur !

SCÈNE III.

LES MÊMES, LORIOT.

LORIOT, *à la porte*. Agricol !

AGRICOL. Tiens, c'est le père Loriot, le teinturier d'en bas... Entrez donc, père Loriot.

LORIOT. Impossible ! je ruisselle la teinture de la tête aux pieds ; je mettrais au vert tout le carreau de madame Françoise.

AGRICOL. C'est vrai, vous avez les bras d'un beau vert.

LORIOT. Il faut que je vous parle tout de suite; c'est pour une affaire.

TOUS. Une affaire!

LORIOT. Une chose importante, qui ne regarde que vous seul.

AGRICOL. Que moi seul!

FRANÇOISE. Va donc voir!

LA MAYEUX. Mais va donc! va donc vite!

AGRICOL, *sortant*. Présent! père Loriot, présent!

SCENE IV.
FRANÇOISE, LA MAYEUX, puis AGRICOL.

LA MAYEUX. Qu'est-ce que ça peut être? oh! rien de fâcheux, sans doute.

FRANÇOISE. Non... nous avons eu déjà tant d'épreuves... Mais ce mystère... ce mystère m'inquiète.

LA MAYEUX. Attendez... je crois entendre sa voix... oui, il parle avec force... quelqu'un lui répond... il revient. (*Elle s'éloigne de la porte.*)

FRANÇOISE. Eh bien, mon enfant?

LA MAYEUX. Ah! mon Dieu! Agricol, comme tu es pâle!...

AGRICOL. Ce n'est rien... c'est...

LA MAYEUX. Tu as pleuré!... tu as pleuré, Agricol!

FRANÇOISE. Comment?

AGRICOL. Ma mère, il faut me promettre d'être raisonnable.

FRANÇOISE. Que veux-tu dire?

AGRICOL, *lui prenant les mains*. Ma bonne mère... il faut... je veux... vous ne savez pas... mais... (*Il pleure.*) Ah! ma mère! ma mère!...

FRANÇOISE. Tu pleures!... mais tu m'épouvantes...

LA MAYEUX. Agricol!

AGRICOL, *essuyant ses yeux*. Non, non, n'ayez pas peur, vous allez être bien heureuse!... Mais, encore une fois, il faut être raisonnable, parce que... la trop grande joie fait autant de mal que le trop grand chagrin...

FRANÇOISE. Comment?

LA MAYEUX. Que dis-tu?

AGRICOL, *avec force*. Je vous le disais bien, moi, qu'il arriverait.

FRANÇOISE, *se levant de son fauteuil*. Ton père! ton p.... (*Elle se sent affaiblie; Agricol et la Mayeux la soutiennent.*)

LA MAYEUX, *pleurant*. Voyons, voyons, du courage, ma bonne madame Françoise.

AGRICOL. À présent, le coup est porté.... il ne vous reste plus qu'à jouir du bonheur.

FRANÇOISE. Mais quand... quand sera-t-il ici?

AGRICOL. Mais... bientôt... il peut arriver d'un moment à l'autre.

FRANÇOISE. Que dis-tu?...

AGRICOL. Il peut venir demain, aujourd'hui, tout-à-l'heure!

FRANÇOISE. Aujourd'hui!

AGRICOL. Oui, car ce brave père craignait qu'une surprise trop brusque ne te fit mal, et maintenant il est là, il attend... Ah! ma mère, je n'y tiens plus; depuis dix minutes, le cœur me bat à me briser la poitrine. (*Il court ouvrir la porte.*)

SCENE V.
LES MÊMES, DAGOBERT, ROSE ET BLANCHE.

FRANÇOISE. Ah!... (*Elle tend les bras vers Dagobert, puis tombe à genoux.*) Merci, Seigneur, merci; vous avez eu pitié...

LA MAYEUX, *à part*. Oui, mon Dieu... merci! merci pour eux!...

(*Françoise se relève: Dagobert la reçoit dans ses bras. Elle pleure sur sa poitrine, tandis que le vieux soldat essuie une larme.*)

FRANÇOISE, *sanglotant*. Dix-huit années!...

DAGOBERT. Oui, dix-huit années... (*Se tournant vers les deux jeunes filles.*) Mes enfants, c'est ma bonne et digne femme... elle sera pour les filles du général Simon ce que j'ai été moi-même.

FRANÇOISE. Pauvres petites!... on dirait deux anges tout pareils.

DAGOBERT, *se tournant vers son fils*. Et maintenant, à nous deux!...

AGRICOL, *avec force*. Enfin!...

DAGOBERT *l'embrasse avec fureur, puis le regarde en face en appuyant les mains sur ses épaules.*) Est-il beau! est-il bien bâti!... a-t-il l'air bon, mon fils!...

AGRICOL. Mon père, mon bon père!

DAGOBERT. Ah! comme je t'en redois, des caresses!... mais je te le paierai tout ça, va!...

FRANÇOISE. Chères enfants!... leurs petites mains sont toutes glacées... et le poêle s'éteint.

LA MAYEUX, *à part*. Ah! (*Elle se hâte de faire du feu puis va s'asseoir à l'écart.*)

ROSE. Non, nous sommes très bien, Madame. (*On entend aboyer en dehors.*)

DAGOBERT. Tiens! c'est mon vieux Rabat-Joie! Il demande à entrer pour connaître aussi la famille.

(*Il va ouvrir: Rabat-Joie entre, va de l'un à l'autre, et finit par aller lécher les mains de la Mayeux, que personne ne remarque.*)

LA MAYEUX, *le caressant*. Lui seul!... c'est toujours quelque chose! (*Essuyant une larme.*) Allons, je serais importune au milieu de leur joie. (*Elle sort doucement.*)

DAGOBERT. Pauvre Françoise! tu ne t'attendais pas à une si jolie surprise.

FRANÇOISE. Je suis seulement fâchée de loger si mal les filles de ton général... de les recevoir dans une chambre si froide. (Se retournant.) Tiens! il y a du feu!...

AGRICOL. C'est cette bonne Mayeux qui aura rendu ce petit service, et qui s'en sera allée sans qu'on la voie, de crainte de gêner... (On frappe.) Tiens, c'est sans doute elle qui revient. (Il va ouvrir.)

SCÈNE VI.
LES MÊMES, RODIN, GABRIEL.

AGRICOL. M. Rodin...
DAGOBERT, de mauvaise humeur. Rodin?...
FRANÇOISE. Et notre Gabriel!...
TOUS. Gabriel!...
ROSE. Notre ange gardien!...
BLANCHE. Notre sauveur!...
FRANÇOISE. De retour aussi!... C'est un jour de bonheur.
GABRIEL. Mes amis,... ma mère...
RODIN. Je m'applaudis d'avoir pu vous procurer ce moment de joie, ma chère madame Baudoin.
DAGOBERT. Vous, Monsieur. (Bas à Françoise.) Qu'est-ce que c'est que cet oiseau-là?
FRANÇOISE, bas. Oh! mon ami! (Haut.) C'est M. Rodin, mon confesseur.
DAGOBERT, à Agricol. Un confesseur... toujours.
AGRICOL, doucement. Toujours, toujours, mon père.
RODIN. Chargé de conduire le frère Gabriel chez un supérieur, j'ai pensé qu'il vous serait doux de l'embrasser, et, en passant, nous avons résolu de nous arrêter quelques instants ici.
FRANÇOISE. Ah! c'est une bonne idée!
RODIN, bas. Il faut que je vous parle.
AGRICOL. Frère, après une si longue absence tu dois avoir bien des choses à me dire?
DAGOBERT. Oui, il te dira comment il a sauvé à lui seul ces deux enfants-là! Quand on pense qu'avec cette figure de jeune fille ça vous a un courage de lion!...
GABRIEL. Mon père!... (Il montre des yeux Rodin.)
RODIN. Oh! ne vous occupez pas de moi! Livrez-vous à ces doux épanchements, tandis qu'à l'écart je vais faire mon examen de conscience...
DAGOBERT. A votre aise!
RODIN, à part. Rien encore... attendons, ça viendra.
FRANÇOISE, à Gabriel, qui ôte son chapeau. Ah! mon Dieu! qu'est-ce que t'as donc là... au front!
DAGOBERT. En effet, c'est une cicatrice.
AGRICOL. Et aux mains, vois donc, mon père. (Il saisit la main de Gabriel.)
DAGOBERT. Attends donc! En Espagne, un de mes camarades a été détaché d'une croix où des moines l'avaient cloué pour l'y laisser mourir de faim et de soif... Depuis, il a porté aux mains des cicatrices pareilles à celles-ci.
GABRIEL. J'étais allé en mission chez les Sauvages des Montagnes-Rocheuses... ils m'ont crucifié.
TOUS. Crucifié!...
GABRIEL, montrant son front. Vous le voyez, ils commençaient à me scalper, lorsqu'un être étrange, surnaturel... non... lorsque la Providence m'a sauvé de leurs mains.
DAGOBERT. Mais tu étais donc sans armes? sans escorte suffisante?...
GABRIEL. Nous ne pouvons pas porter d'armes, et nous n'avons jamais d'escorte.
AGRICOL. Et tes camarades... ceux qui étaient avec toi?
DAGOBERT. Ils se sont donc enfuis comme des lâches?
GABRIEL. J'étais seul, mon père.
TOUS. Seul!
DAGOBERT. Seul, sans armes, au milieu de barbares!
FRANÇOISE. Mon pauvre enfant!
AGRICOL. Oh! c'est sublime!
DAGOBERT, hors de lui. C'est... c'est sublime!... Ah! mille dieux s'ils étaient tous comme ça dans ton régiment! (Il regarde Rodin, qui paraît absorbé dans sa prière.)
GABRIEL. Je n'ai fait que ce qu'auraient fait aussi tous les autres à ma place... La foi ne peut s'imposer par la force.
AGRICOL. Mais lorsque la foi ne suffit pas?
GABRIEL. Que veux-tu, mon frère, on meurt pour sa croyance, et l'on plaint ceux qui la repoussent.
DAGOBERT, avec admiration. Ah! mille millions de to.....
FRANÇOISE. Mon ami!..
DAGOBERT. Non, rien...
GABRIEL. Qu'avez-vous donc, mon père?
DAGOBERT. Ce que j'ai!... j'ai qu'après trente ans de guerre, je me croyais aussi brave que personne, et je trouve mon maître! et ce maître, c'est toi... j'ai que les braves blessures-là sont aussi glorieuses... sont plus glorieuses que les nôtres à nous, batailleurs de profession!..
GABRIEL. Oh! ne me vantez pas ainsi...
DAGOBERT. Te vanter! ah ça, voyons, quand j'allais au feu, moi, est-ce que j'y allais seul, est-ce que mon capitaine ne me voyait pas?... est-ce que mes camarades n'étaient pas là? est-ce qu'à défaut de vrai courage, je n'aurais pas eu l'amour-propre, pour m'éperonner? sans compter les cris de bataille, l'odeur de la poudre, le bruit du canon! sans compter enfin que je sentais l'Empereur là, qui, pour ma peau hardiment troué, me donnerait un bout de galon ou de ruban pour com-

presse!.. Et je passais pour un crâne! tandis que toi, tu vas à une mort presque certaine, tu pars seul, tu vas prêcher à des Sauvages la charité, la fraternité. Les monstres te prennent, te torturent, et toi, tu attends la mort sans te plaindre, sans haine, sans colère, le sourire à la bouche et le pardon aux lèvres! Et tu dis que je te vante!.. mais je t'admire, mais je te vénère, mais je t'adore... (*Il lui prend la tête à deux mains et l'embrasse; puis s'approchant de Rodin, d'une voix brusque en le regardant.*) V'là comme j'aime les prêtres, moi.

(*Rodin semble de plus en plus absorbé dans sa rêverie.*)

AGRICOL, *le ramenant*. Mon père!..
DAGOBERT. C'est bon!.. c'est bon!.. (*On frappe.*)
FRANÇOISE. On a frappé... (*Elle va ouvrir.*)
LORIOT, *paraissant les bras entièrement rouges.* C'est moi, ne vous dérangez pas.
AGRICOL. Entrez, père Loriot.
LORIOT. Impossible, mon garçon, je suis dans le carmin jusqu'au cou, je ferais rougir tout le local.
FRANÇOISE. Mais...
LORIOT. C'est une lettre qu'on vient d'apporter pour vous.
TOUS. Une lettre.
RODIN, *à part*. Enfin...
LORIOT. La v'là ; au revoir la compagnie, je me sauve, j'ai du jaune qui m'attend sur le feu! (*Il sort.*)
DAGOBERT. Qu'est-ce que ça peut être?
FRANÇOISE. Tiens, lis...
DAGOBERT, *retournant la lettre*. Moi!.. tiens garçon, c'est pas que je lise mal au moins, mais... ça n'irait peut-être pas aussi vite. (*Il la donne à Gabriel.*)
AGRICOL. « Madame, j'apprends que votre mari « est chargé par M. le général Simon, d'une affaire « de la plus haute importance, veuillez dès que « votre mari arrivera à Paris, le prier de se ren- « dre à mon étude, *sans le moindre délai* ; je suis « chargé de lui remettre, *à lui-même*, et non à « d'autres des pièces indispensables aux intérêts « de M. le général Simon. Durand, notaire à Pa- « ris, faubourg Saint-Antoine, 69. »
DAGOBERT. C'est singulier, qui a pu instruire ce Monsieur?.. Parmi mes papiers qu'on m'a volés à Leipzig, j'avais une lettre pour un notaire ; mais celui-là ne s'appelait pas Durand!.. N'importe, il s'agit de mon général, de ces deux pauvres enfants... Je pars... j'y cours à l'instant.
BLANCHE. Avec nous?
DAGOBERT. Fatiguées comme vous l'êtes... Non, je partirai seul.
RODIN, *à part*. Bien.
ROSE. Pour revenir bientôt?
DAGOBERT. Soyez tranquilles!..

SCENE VII.

LES MÊMES, LA MAYEUX.

LA MAYEUX, *entre toute pâle et émue. Bas à Agricol.* Agricol, un grand danger te menace!
AGRICOL, *bas*. Moi!..
LA MAYEUX. Dans un instant tu dois être arrêté.
AGRICOL, *s'oubliant*. Grand Dieu!..
TOUS. Qu'est-ce donc?
AGRICOL. Rien, rien, c'est... un petit secret que me confie cette pauvre Mayeux... un chagrin qui lui arrive...
LA MAYEUX. Oh! oui, oui, un grand chagrin. (*Bas.*) Il s'agit d'une chanson, d'un délit politique qui doit servir de prétexte, c'est du moins ce qu'on m'écrit...
AGRICOL. Je me justifierai.
LA MAYEUX. Oui, mais la prison préventive pour toi, c'est la misère, c'est la faim pour eux tous!..
AGRICOL. Tais-toi! tais-toi!
LA MAYEUX. Il faut te cacher... il faut qu'on ne te trouve pas ici...
AGRICOL. J'ai des amis... je cours à la fabrique.
RODIN, *qui a écouté*. Nous t'y attendrons, mon garçon.
AGRICOL. Ainsi, mon père, vous partez...
DAGOBERT. Oui, il le faut!
RODIN. Allons, mon fils...
GABRIEL. Je suis à vos ordres, Monsieur.
RODIN, *à part*. L'un en prison ou en fuite, l'autre au faubourg Saint-Antoine. (*Bas à Françoise.*) Ma fille... attendez-moi... tout à l'heure ici.
FRANÇOISE, *bas*. Ici, tout à l'heure!
RODIN, *bas*. C'est convenu. (*Haut.*) Adieu, adieu, braves gens.
DAGOBERT, *lui tournant le dos avec humeur*. Bonsoir!.. Au revoir, femme!
AGRICOL. Je descends avec vous, mon père.
RODIN, *à Gabriel*. Suivez-moi! (*Haut.*) Que le Seigneur veille sur vous... (*A part.*) Allons, ça marche, ça marche assez bien.

(*Il sort en s'inclinant très bas et fait signe à Françoise ; Gabriel le suit. Dagobert et Agricol sortent.*)

SCENE VIII.

FRANÇOISE, LA MAYEUX, ROSE, BLANCHE.

LA MAYEUX. Mon Dieu! mon Dieu! veillez sur lui!
FRANÇOISE. Qu'as-tu donc, mon enfant? Tu parais toute triste, un jour comme celui-ci, un jour de bonheur!
LA MAYEUX. Un jour de bonheur!.. oh! ne dites pas cela, pauvre mère!
BLANCHE ET ROSE. Comment?
FRANÇOISE. Que veux-tu dire?.. Parle!.. parle!

LA MAYEUX. Je dis, je dis que dans un instant peut-être, Agricol sera en prison.

TOUS. En prison?

FRANÇOISE. En prison, lui! mon fils... Mais de quelle faute peut-on l'accuser?

LA MAYEUX. Je ne sais pas, moi! aucune, madame Françoise, lui, le plus noble, le plus généreux des hommes!... c'est une erreur sans doute, et on le rendra bientôt à la liberté... mais en attendant, il faut du pain à votre famille, et son travail seul peut en fournir... Aussi, au premier avis que j'ai reçu tout à l'heure du danger qui le menaçait, je me suis souvenue de cette belle et bonne demoiselle qui lui avait offert sa protection, vous savez, madame Françoise, mademoiselle de Cardoville.

FRANÇOISE. Eh bien?

LA MAYEUX. Eh bien! il fallait une caution de cinq cents francs, et ce qu'il n'aurait peut-être pas voulu faire, je l'ai tenté pour lui, pour lui, j'ai voulu implorer le secours... d'une autre... J'ai couru rue de Babylone...

BLANCHE. Par ce temps de froid et de neige!

FRANÇOISE. C'est pour cela que tes pauvres vêtements sont trempés.

LA MAYEUX. Oh! je ne pensais qu'à l... qu'à vous, madame Françoise.

FRANÇOISE. Ah! tu es une vraie fille pour moi!

LA MAYEUX, *baissant les yeux*. Agricol n'est-il pas mon frère. Enfin, arrivée là, je me suis hasardée à sonner, on est venu m'ouvrir, et j'ai appris que mademoiselle de Cardoville, si noble, si généreuse, avait été conduite dans une maison de santé... parce qu'on dit... parce qu'on dit qu'elle est folle.

TOUTES. Folle!

FRANÇOISE. Folle!... Ah! c'est horrible pour elle!...

LA MAYEUX. Et pour n... et pour vous, ma bonne madame Françoise, car c'était votre seul espoir. (*On frappe.*)

FRANÇOISE. Entrez.

LORIOT, *à la porte; il a les bras jaunes et est suivi d'un commissionnaire*. C'est moi, madame Baudoin, accompagné d'une lettre que ce commissionnaire vient d'apporter... Il vous en pleut des lettres aujourd'hui.

FRANÇOISE, *la prenant*. Une lettre?

LORIOT. Excusez, si je l'ai un peu mise au jaune...

FRANÇOISE. Merci, merci, monsieur Loriot.

LORIOT. Serviteur, la compagnie. (*Il sort.*)

FRANÇOISE. Lis-moi ça, ma petite Mayeux.

SCÈNE IX.
LES MÊMES, RODIN.

RODIN, *entrant*. Pardon... si c'est secret, je vous préviens que je suis là.

FRANÇOISE. Monsieur Rodin! Oh! lis, lis toujours.

LA MAYEUX, *qui a ouvert la lettre*. C'est de lui, de lui!

FRANÇOISE. De mon fils?

LA MAYEUX, *accablée*. Arrêté!.. Ils l'ont arrêté.

LES TROIS FEMMES. Arrêté!

FRANÇOISE. Mon pauvre enfant!

LA MAYEUX, *à part*. Mon Agricol!

RODIN. Pauvre jeune homme!

BLANCHE. Le fils de notre pauvre Dagobert.

LA MAYEUX. Et il est sans ressources... sans argent... et rien... rien ici.

ROSE. Et nous rien non plus.

BLANCHE. Rien que cette médaille.

FRANÇOISE. Ah! j'y pense!... (*Allant à l'armoire et faisant un paquet.*) Ces draps... ce couvert d'argent... cette timbale... ce châle... tu vas aller au Mont-de-Piété, mon enfant.

LA MAYEUX. Oui, Madame, oui.

RODIN, *à part*. Hum!.. elle est bien dévouée, la bossue. (*Faisant signe au commissionnaire qui s'approche sans être vu tandis que les femmes sont occupées à faire un paquet de différents objets.*) Je ne veux pas qu'elle revienne d'ici une heure.

LE COMMISSIONNAIRE. Mais comment?

RODIN. Imbécile! Une fille qui engage des effets marqués d'un nom qui n'est pas le sien, c'est bien facile.

LE COMMISSIONNAIRE. C'est juste!

FRANÇOISE. Mais j'y songe... je dispose de ton temps, de ton travail à toi, déjà si pauvre!...

LA MAYEUX. Je reprendrai cela sur ma nuit!... Est-ce que je pourrais dormir en vous sachant tous si malheureux? est-ce qu'il dormira, lui, dans sa prison?

FRANÇOISE. Embrasse-moi, du moins...

LA MAYEUX. Oui, vous êtes sa mère, et ça me donnera du courage! (*Elle sort.*)

RODIN, *bas*. Va... et souviens-toi. (*Le commissionnaire sort.*)

FRANÇOISE. Oh! quel cœur! quel cœur!

BLANCHE. Oh! oui, pauvre fille!

RODIN. Maintenant, ma chère madame Françoise, veuillez faire retirer là-bas, dans cette chambre, ces deux belles jeunes filles, à qui j'ai peut-être une bien heureuse nouvelle à apprendre.

BLANCHE. Une nouvelle?

ROSE. A nous?

RODIN. Oui, et qui vous comblera de joie, si les renseignements que va me donner cette bonne madame Françoise Baudoin sont tels que les désire mon cœur.

ROSE. Mais, Monsieur...

RODIN. Dans un instant, mes enfants, dans un instant. (*Il les reconduit jusqu'à la porte.*)

SCÈNE X.
RODIN, FRANÇOISE.

FRANÇOISE. Mon père, vous parliez d'un bonheur...

RODIN. Silence! c'est à moi d'interroger. Apprenez que ces deux jeunes filles que votre mari a ramenées de loin, de bien loin, ont été élevées dans l'ignorance de la religion.

FRANÇOISE. C'est vrai, mon père, elles ne pratiquent pas.

RODIN. Elles ne pratiquent pas, et elles ont perdu leur mère; leur père est absent depuis bien longtemps, et c'est vous, votre mari et votre fils qui êtes devenus toute leur famille?

FRANÇOISE. Toute leur famille, c'est vrai.

RODIN. Eh bien! ne comprenez-vous pas que c'est sur vous que retombe toute cette responsabilité? ne comprenez-vous pas que vous rendrez compte un jour?... et que vous avez charge d'âmes?

FRANÇOISE. C'est vrai! c'est vrai!

RODIN. Ne comprenez-vous pas enfin que vous serez punie, frappée, vous et les vôtres?

FRANÇOISE. Grand Dieu!

RODIN. Oui, vous serez frappée dans votre époux, dans votre fils.

FRANÇOISE. Oh! vous m'épouvantez! Parlez, parlez, que dois-je faire?

RODIN. Il faut qu'elles soient placées dans une maison religieuse... Nous sauverons ces pauvres petites, mais voici à quelles conditions.

FRANÇOISE. Dites, mon père, elles sont acceptées d'avance.

RODIN. D'abord, elles seront conduites au couvent ce soir même.

FRANÇOISE. Ce soir? mais c'est impossible!

RODIN. Impossible! pourquoi?

FRANÇOISE. Ne dois-je pas consulter mon mari?

RODIN. Lui! endurci dans le péché comme il l'est!... il refusera... Il faut, d'ailleurs, qu'il ignore le lieu de leur retraite.

FRANÇOISE. Disposer d'elles sans son aveu?

RODIN. Son aveu!... mais ne serait-ce pas un devoir sacré que d'arracher des infortunées du milieu d'un incendie sans l'aveu de votre mari?.. Eh bien! ce n'est pas d'un incendie qui ne brûle que le corps que vous devez les arracher, c'est d'un incendie où leur âme brûlerait pour l'éternité!...

FRANÇOISE. Mais puis-je agir ainsi, moi, qui devant Dieu, ai juré obéissance à mon mari?

RODIN, *avec force.* Obéissance pour le bien, oui; pour le mal, jamais!

FRANÇOISE. Mais sa colère sera terrible.

RODIN, *avec force.* Tant mieux... vous aurez la gloire du martyre!

FRANÇOISE. Que la volonté du ciel s'accomplisse, et, quoi qu'il puisse m'arriver, je remplirai mon devoir... ainsi que vous me l'ordonnez... je ne dirai rien.

RODIN. Rien... souvenez-vous.. (*Avec douceur, allant à la porte.*) Venez, venez, mes enfants..

SCÈNE XI.
LES MÊMES, ROSE ET BLANCHE.

BLANCHE ET ROSE. Nous voilà!

RODIN. Filles du général Simon, soyez heureuses, vous allez embrasser votre père!

BLANCHE. Mon père!

ROSE. Se peut-il?

FRANÇOISE, *bas.* Comment? vous ne me disiez pas...

RODIN, *bas.* Chut donc! (*Haut.*) Oui, tous les renseignements que m'a donnés cette digne madame Baudoin sont exacts, et le général, qu'on croyait mort, est de retour.

BLANCHE. Ah! conduisez-nous, conduisez-nous vers lui, Monsieur.

ROSE. Oui, à l'instant, à l'instant!

RODIN. Venez, venez vite!.. (*Rose et Blanche sortent.*) Enfin!..

FRANÇOISE, *s'élançant vers la porte.* Arrêtez!..

RODIN, *la retenant.* Restez!.. Votre silence, c'est le salut de leurs âmes... Un mot de vous et vous les perdez à jamais, comme vous perdez vous et les vôtres.

FRANÇOISE, *s'inclinant.* Je me tairai, mon père, je me tairai. (*Rodin sort.*)

SCÈNE XII.
FRANÇOISE, *puis* DAGOBERT.

FRANÇOISE, *seule.* Mon Dieu!.. quelle sera la colère de mon mari... quelle sera sa douleur en apprenant le départ de ces deux jeunes filles et l'arrestation d'Agricol!.. Mon Dieu! donnez-lui la résignation et donnez-moi la force de supporter cette nouvelle et rude épreuve... On monte l'escalier... c'est lui!.. Oh! du courage!.. du courage!..

DAGOBERT, *entrant.* Françoise!

FRANÇOISE. Mon ami... et cette affaire... ce notaire?..

DAGOBERT. Ce notaire... On me l'a fait attendre une heure, et pour des riens, des niaiseries... Ah çà! et mon Agricol, est-ce qu'il est à l'ouvrage?

FRANÇOISE. Lui...

DAGOBERT. Mais... où sont donc les enfants?

FRANÇOISE. Les... les enfants?

DAGOBERT. Oui... Rose et Blanche où sont-elles? Réponds-moi donc.

FRANÇOISE, *tremblante.* Mon ami... je...

DAGOBERT, *avec force.* Mais, parleras-tu?

FRANÇOISE. Baudoin!..

ACTE III, TABLEAU X ; SCÈNE XIII.

DAGOBERT. Comme tu es pâle... Qu'est-ce que tu as donc ?.. (*Il lui prend la main et sent une larme qui tombe sur la sienne.*) Une larme !.. tu pleures... Est-ce parce que je t'ai parlé un peu rudement ?.. Ce n'est pas ma faute, vois-tu, leur mère me les a confiées en mourant... tu comprends... c'est sacré, ça !.. Aussi, quand je ne les vois pas là... tout de suite accourir auprès de moi... je suis tout inquiet... tout.... je suis comme une poule qui a perdu ses poussins, quoi !..

FRANÇOISE. Et tu as raison de les aimer.

DAGOBERT. Parbleu !.. mais où sont-elles ?..

FRANÇOISE. Je... je ne sais pas.

DAGOBERT. Tu ne sais pas !... tu ne sais pas !... Qu'est-ce que ça signifie !.. Mais, réponds-moi donc, mordieu !.. tu ferais damner un saint !.. et tu vois bien que ma patience est à bout...

FRANÇOISE. Fais de moi ce que tu voudras, mais ne me demande plus ce que sont devenus les enfants... je ne pourrais te répondre.

DAGOBERT, *d'abord accablé, immobile et comme pétrifié, la saisit par les deux bras et la secoue violemment.*) Les enfants !

FRANÇOISE. Grâce ! grâce !

DAGOBERT. Répondras-tu ?... où sont les enfants ?..

FRANÇOISE. Tue-moi ou pardonne-moi, car je ne peux pas te répondre.

DAGOBERT, *la faisant tomber à genoux.*) Malheureuse ! (*Elle se met à prier.*) Mon Dieu ! mais je ne peux pourtant ni la frapper ni la tuer !..

FRANÇOISE. Mon Dieu !... soutenez mon courage !..

DAGOBERT, *qui a marché à grands pas, saisit une chaise et la place près de sa femme, qu'il relève froidement.*) Assieds-toi... (*Elle tombe assise.*) Écoute-moi, ma femme !.. tu comprends que cela ne peut pas se passer ainsi... Ces deux pauvres jeunes filles, leur mère me les a confiées, et je ne les ai pas amenées du fond de la Sibérie ici pour que tu viennes me dire : Ne m'interroge pas, je ne peux pas t'apprendre ce que j'en ai fait. Tu ne sais pas, toi, tout ce que j'ai eu à endurer en route ; mes soins, mes inquiétudes... Car, enfin, un soldat, chargé de deux jeunes filles ! ce n'est qu'à force de cœur, de dévouement, que j'ai pu m'en tirer, que j'ai pu arriver à temps pour assurer leur avenir, pour sauver leur fortune... (*Gabriel paraît au fond.*) Et lorsque je croyais les avoir amenées au port, lorsque je croyais leur avoir rendu leur rang et leur nom, tu veux que je me les laisse enlever sans rien dire, sans interroger, sans chercher, sans obtenir, de gré ou de force... Mais je serais un misérable... J'aimerais mieux me tuer devant toi !

FRANÇOISE. Mourir !... non, non, je ne veux pas que tu meures !..

DAGOBERT. Eh bien ! parle donc alors.

FRANÇOISE. Non... ma conscience me le défend... J'ai promis que je ne dirai rien, mon devoir n'est-il pas d'obéir ?

~~~~~~

SCÈNE XII.
LES MÊMES, GABRIEL.

GABRIEL. Non, ma mère, non !

DAGOBERT ET FRANÇOISE. Gabriel !

GABRIEL. Non ! Dieu n'ordonne jamais de convertir par la force et d'éclairer par la violence !.. Non, Dieu ne veut pas que l'on torture des cœurs pour les lui offrir ! Je suis prêtre aussi, ma mère, et je vous dis qu'on vous a trompée.

FRANÇOISE. Gabriel !.. mon enfant, songes-tu bien à tes paroles ?

GABRIEL. Oui... et je devine tout... Je devine qu'ils ont abusé de votre foi, de votre ferveur...

FRANÇOISE, *bas.* Mais c'est M. Rodin.

GABRIEL, *avec effroi.* Lui !.. (*Avec force.*) Toujours... toujours lui... Mon père, elle parlera !

FRANÇOISE. Jamais !

GABRIEL, *bas à Dagobert.* Et tu nous auras sauvés tous !

~~~~~~

SCÈNE XIII.
LES MÊMES, LA MAYEUX, UN COMMISSAIRE, AGENTS DE POLICE.

LA MAYEUX, *tremblante.* C'est ici, Monsieur.

DAGOBERT. Qui êtes-vous ?... que demandez-vous ?..

LE COMMISSAIRE. Je suis magistrat, Monsieur !

TOUS. Un magistrat !

LE COMMISSAIRE. D'abord, connaissez-vous cette jeune fille ?

FRANÇOISE. C'est notre amie, notre enfant...

LE COMMISSAIRE. Et ces objets... ces draps, cette timbale ?..

FRANÇOISE. Nous appartiennent, Monsieur... Pour nous rendre service, cette chère enfant, la meilleure, la plus honnête des créatures, s'était chargée de les porter au Mont-de-Piété.

LE COMMISSAIRE. Comment !

LA MAYEUX, *avec tristesse.* Vous voyez bien, Monsieur, que je n'avais pas volé.

TOUS. Volé !..

DAGOBERT. Elle, avoir volé ?.. mais c'est un soupçon infâme, Monsieur ?..

FRANÇOISE, *la prenant dans ses bras.* T'accuser... toi ! toi !..

LA MAYEUX. Oui, un homme qui me suivait depuis cette maison, a prétendu qu'il m'avait vu sortir furtivement et qu'on me poursuivait... Alors la foule m'a entourée, ils m'ont menacée, frappée même... toutes les voix s'élevaient contre moi, et pas une, pas une pour me défendre !.. Tremblante, accablée de douleur, je me suis mise à pleurer... Ils ont dit que j'avouais mon vol !.. ils m'ont entraînée au milieu des cris et des huées, et, sans Monsieur, qui a consenti à me conduire jusqu'ici, je sens que je serais morte...

GABRIEL. Oh! pauvre enfant:

LE COMMISSAIRE. Croyez, Mademoiselle, que je compâtis à tout ce que cette méprise a de cruel pour vous... Je me retire, et je regrette de n'avoir à vous offrir...

DAGOBERT. Arrêtez, Monsieur... j'ai une déposition à vous faire.

FRANÇOISE. Mon ami...

GABRIEL. Mon père...

DAGOBERT. J'avais laissé, auprès de ma femme, deux jeunes filles, deux orphelines, qui m'ont été confiées... Ce matin, pendant mon absence, elles ont disparu... on les a enlevées.

LA MAYEUX. Enlevées... elles?..

LE COMMISSAIRE. Et qui soupçonnez-vous?

DAGOBERT. Celui que j'accuse est un prêtre... le confesseur de ma femme.

LE COMMISSAIRE. Un prêtre!.. Prenez garde, Monsieur, songez aux conséquences d'une fausse accusation... *(Il montre la Mayeux.)*

FRANÇOISE. Mon ami, tu l'entends!..

DAGOBERT. Monsieur, il a trompé ma femme, et c'est en abusant de sa conscience qu'on s'est rendu maître des deux jeunes filles.

LE COMMISSAIRE. Madame, qu'avez-vous à dire pour vous justifier?

DAGOBERT. Mais, Monsieur, ce n'est pas elle... c'est lui, lui seul que j'accuse.

LE COMMISSAIRE. Madame, que sont devenues ces deux enfants que l'on vous a confiées?

FRANÇOISE. Je ne dirai rien, Monsieur.

LA MAYEUX. Grand Dieu! madame Françoise?

LE COMMISSAIRE. Prenez-y garde, Madame, si vous refusez de répondre, c'est vous d'abord qui serez soupçonnée... et je serai forcé de vous arrêter.

FRANÇOISE. Moi?

TOUS. L'arrêter!

DAGOBERT. Ma pauvre femme, l'arrêter!.. Mais, encore une fois, Monsieur...

LE COMMISSAIRE. C'est à Madame que vous les avez confiées, c'est elle seule qui peut et qui doit renseigner la justice.

DAGOBERT. Mais on l'a trompée, Monsieur.

FRANÇOISE. Mon ami, le Seigneur veut encore m'éprouver... Le Seigneur me donnera de la force... Partons, Monsieur...

LA MAYEUX. Vous, coupable... mais c'est impossible!

DAGOBERT. Oh! je ne te quitte pas.

FRANÇOISE. Reste, il le faut... pour tâcher de sauver Agricol.

DAGOBERT. Agricol... mon fils... que lui est-il donc arrivé?

GABRIEL. En prison depuis une heure!

DAGOBERT. Mon fils!.. mon fils arrêté!.. Oh! c'est trop, tout m'accable à la fois... *(Il tombe sur une chaise; Françoise s'approche de lui, lui prend la main et la lui baise; il se retourne et pleure sur son épaule.)* Tous... tous!..

GABRIEL, *bas au commissaire.* Monsieur, permettez-moi de la suivre pour la consoler... pour la faire parler peut-être... *(Le commissaire s'incline.)*

FRANÇOISE. Partons!.. *(Tout le monde sort, excepté Dagobert, qui retombe assis et qui pleure, et la Mayeux, qui se tient debout près de la porte.)*

DAGOBERT. Ce matin, j'avais auprès de moi... ma femme, mon fils... mes deux orphelines... et maintenant, seul... seul!..

LA MAYEUX, *s'approchant doucement.* Monsieur Dagobert, je suis là, moi. Si vous le permettez, je vous servirai, je resterai près de vous!.. *(Elle se met à genoux, à côté de lui. Dagobert la regarde avec attendrissement.)*

FIN DU DIXIÈME TABLEAU.

ONZIÈME TABLEAU.

La reine Bacchanal.

La place du Châtelet, à gauche, le restaurant du *Veau qui tette*; à droite, au fond, la fontaine du Châtelet; au fond, le quai aux Fleurs, la Tour de l'Horloge.

SCÈNE PREMIÈRE.

GRINGALET, FLORINE, PLUSIEURS MASQUES.

(Au lever du rideau, plusieurs masques sont en scène et apostrophent d'autres masques placés aux fenêtres du restaurant.)

UN MASQUE, *à un pierrot sur le balcon.* Eh! toi, grand échalas!

UNE POISSARDE. Grande asperge montée! marsouin!

LE PIERROT, *du balcon.* Marsouin?

Comment, c'est toi, madame Gribouille!
Quand paisiblement je gazouille
A ces messieurs une bonnête bredouille,
C'est toi qui viens me chanter pouille,
Et modulant ton larynx de grenouille
Tu m'insultes d'un nom arsouille!
Mais tu veux donc que je chatouille
Ta vieille échine où les puces font patrouille?
Mais regarde donc ta tête de citrouille,
Ta bouche qui s'ouvre en gargouille,
Tes yeux d' corail, ton teint de houille,
Ta vieille titus qui se dépouille,

Ton vrai portrait le v'là,
Et encore pour toi ça. (*Il lui fait la nique.*)
TOUS, *riant.*
Ah! ah! ah! ah!

PREMIER MASQUE. Tiens, c'est mademoiselle Florine.

DEUXIÈME MASQUE. Oh eh! c'est le petit Gringalet!

FLORINE. Oui, moi; qui me suis envolée de la maison pour venir danser et m'amuser avec vous.

GRINGALET, *en Turc, avec un cor de chasse.* Et moi qui ai pincé Mademoiselle pour lui servir de cavalier.

FLORINE. Oh! nous nous sommes entendus dard, dard, quand nous avons su que nous servions le même saint, ou plutôt le même démon.

GRINGALET. Taisez-vous, ma biche, n'invectivez pas mon généreux patron... Sans compter que ce bon M. Rodin vous a quelquefois des petits yeux flamboyants qui me font frissonner. Quand il lui arrive de me regarder avec colère, je frémis de tous mes membres, mes dents claquent sur ma tête et mes cheveux se dressent dans ma bouche; c'est-à-dire, non, mes chev...

FLORINE. Ah çà! veux-tu bien ne pas penser à tout ça, et la reine Bacchanal, où est-elle donc?

GRINGALET. Oui, où est-elle, ma reine adorée?

FLORINE, *le pinçant.* Ta reine? tiens.

GRINGALET. Ah! Florine, ne faites pas des noirs sur mon satin, ou je vais m'en aller.

FLORINE. Je vous défends de bouger.

GRINGALET. Vous me défendez!... mais je n'ai donc plus le droit ni de rien dire ni de rien faire?

FLORINE. Si fait, vous avez le droit de fer...mer vot' bec.

TOUS, *riant.* Ah! ah! ah!

GRINGALET. Mais le dîner est pour sept heures, et pas de nouvelles de la Bacchanal, de la reine des bayadères.

FLORINE. Encore! est-ce que vous l'aimeriez?... Si je le savais!...

GRINGALET. Moi! l'aimer! Florine!... Je vous jure, sur la tête abhorrée de mon propriétaire, que je n'aime que vous seule.

FLORINE. Alors, pourquoi parlez-vous toujours d'elle?

GRINGALET. Pourquoi? une femme enchanteresse, qui n'a pas sa pareille pour danser la tulipe orageuse! une femme qui électrise la galerie, qui fascine les municipaux, qui magnétise les sergents de ville! une femme qui s'élève, pour la danse, à six mille pieds au-dessus du niveau... du cancan ordinaire! Vrai, si j'étais père de famille, je lui confierais l'éducation de mes fils.

SCÈNE II.

LES MÊMES, LA BACCHANAL, COUCHE-TOUT-NU, *puis* LA MAYEUX.

(*Plusieurs masques entrent à cheval, précédant une voiture dans laquelle sont la Bacchanal et Couche-tout-nu, avec d'autres masques.*)

TOUS, *dans la voiture.* Oh eh! les amis, oh eh!

LES MASQUES. Les voilà! les voilà! vive la reine Bacchanal!

COUCHE-TOUT-NU, *dans la voiture.* Y a du retard, mais c'est la faute de l'autorité.

TOUS. Ah bah!

COUCHE-TOUT-NU. Un municipe qu'a trouvé la tulipe à Céphise un peu trop *décolleto.*

LA BACCHANAL. Et qui m'a demandé si c'était pour tout de bon que je dansais ce pas? — Non, guerrier pudique, que je lui ai répondu, je l'essaie seulement une fois tous les soirs, afin de bien le danser dans ma vieillesse; c'est un vœu que j'ai fait pour que vous deveniez brigadier.

TOUS. Ah! ah! ah! vive la reine Bacchanal!

COUCHE-TOUT-NU. L'escalier de sa majesté! (*Des hommes viennent se placer en gradins devant la portière, et Céphise descend de voiture sur leur dos. On entend des cris au dehors.*)

COUCHE-TOUT-NU. Qu'est-ce qu'il y a?

LA MAYEUX, *entrant, pâle, effarée et poursuivie par plusieurs masques.* Laissez-moi! laissez-moi!

LES MASQUES. La femme à Mayeux! oh eh! la femme à Mayeux!

LA MAYEUX. Grâce! pitié!

LA BACCHANAL. Grand Dieu! ma sœur!

COUCHE-TOUT-NU. Ta sœur?

PREMIER MASQUE. Dis donc, la petite, où donc que t'as pris ce déguisement-là?

GRINGALET. En quoi qu'elle est, la bosse? (*Il s'approche d'elle.*)

LA MAYEUX, *poussant un cri.* Ah!

(*Couche-tout-nu s'élance, jette à terre celui qui s'approchait d'elle, et prend la Mayeux dans ses bras.*

COUCHE-TOUT-NU. Le premier qui touche à c't' enfant-là, je le casse en huit.

QUELQUES MASQUES. Qu'est-ce que c'est!... de quoi?...

COUCHE-TOUT-NU. Je vous dis que je ne veux pas qu'on l'insulte!... Rions, dansons, fichons-nous de tout le monde, ça me va, je suis des vôtres; mais je veux qu'on respecte ceux qui souffrent.

TOUS. Bravo! Couche-tout-nu! bravo!

LA BACCHANAL. D'ailleurs, qui est-ce qui voudra lui faire de la peine, c'est ma sœur!

TOUS. Sa sœur?

LA MAYEUX. Céphise! (*Elle se jette dans ses bras.*) Oh! merci, merci, d'être venue à mon secours.

LA BACCHANAL. Ma pauvre sœur! (*A Couche-tout-nu.*) Vite, mon manteau.

COUCHE-TOUT-NU. On y va, ma reine. Le manteau de sa majesté! (*On lui jette le manteau qui est dans la voiture.*) Tiens, le voilà!

LA BACCHANAL, *lui mettant le manteau.* Vite, vite... elle tremble de froid sous cette pauvre robe d'indienne.

LA MAYEUX. Non, c'est la peur... le froid ne me fait plus trembler, j'y suis faite.

COUCHE-TOUT-NU, *bas.* Pauvre petite!... ça me fend le cœur, ce qu'elle dit là.

LA BACCHANAL. Viens, entrons là. (*Elle veut l'emmener vers le restaurant.*)

LA MAYEUX. Là, non, je ne veux pas... jamais, jamais !

LA BACCHANAL. Il faut pourtant que je te parle. (*A Couche-tout-nu.*) Emmène-les... que je sois seule avec elle.

COUCHE-TOUT-NU, *bas.* C'est dit. (*Haut.*) En avant, les enfants... le festin refroidit et le champagne s'échauffe !... Au champagne ! qui m'aime me suive !

TOUS. Au champagne !

(*Les masques entrent chez le traiteur.*)

SCÈNE III.
LA BACCHANAL, LA MAYEUX.

LA MAYEUX. Enfin, nous voilà seules ! oh ! j'ai cru que j'allais mourir de honte.

LA BACCHANAL. Ma pauvre sœur !... te voir ainsi pâle, amaigrie, couverte de haillons ! (*Sanglotant.*) Oh ! pardonne-moi ! pardonne-moi !

LA MAYEUX. Te pardonner... mais quoi donc?

LA BACCHANAL. Ne dois-je pas être honteuse d'être vêtue de ces oripeaux, de dépenser tant d'argent en folies, lorsque tu meurs peut-être de misère et de besoin... car je n'ai jamais vu ta pauvre figure si triste, si fatiguée !

LA MAYEUX. Oh ! ce n'est rien, rassure-toi, ma sœur ; j'ai veillé cette nuit, voilà pourquoi tu me trouves ainsi. Mais toi... parle-moi de toi... tu... tu es heureuse, Céphise ?

LA BACCHANAL. Heureuse?

CRIS AU DEHORS. Vive la reine Bacchanal!

LA BACCHANAL, *courbant la tête.* Heureuse ! (*Elle se cache le visage.*)

LA MAYEUX, *lui ôtant les mains de dessus les yeux.* Allons, pourquoi pleurer ?... il y a si longtemps que nous ne nous sommes vues.

LA BACCHANAL. Oh ! comme tu dois me mépriser !

LA MAYEUX. Te mépriser parce que la force t'a manqué pour supporter la misère... les privations de chaque jour.

LA BACCHANAL. Mais, cette force, tu l'as bien eue, toi ! ces privations, tu les supportes encore !

LA MAYEUX. Est-ce que je peux me comparer à toi ? à toi que Dieu a faite si belle, à toi qu'à une vie pleine de joie, d'expansion, d'amour irrésistible pour le plaisir? La beauté n'a-t-elle pas besoin d'un peu de parure? la jeunesse n'a-t-elle pas besoin des joies du monde? Moi, ma sœur, ne suis-je pas née pour l'isolement, pour le travail ? et si je souffre un peu du froid et de la faim, qu'importe, je ne risque pas d'être plus laide pour cela.

LA BACCHANAL. Oh ! pauvre sœur ! toi, si malheureuse, tu m'encourages, tu me consoles, tu cherches même à m'excuser... quand ce serait à moi de te plaindre.

LA MAYEUX. Rassure-toi, Dieu est bon, il m'a donné mes joies, comme il t'a donné les tiennes.

LA BACCHANAL. Je te comprends... tu trouves encore moyen de te dévouer pour les autres.

LA MAYEUX. Hélas ! je ne puis que bien peu de chose, mais quand je réussis, je suis heureuse et fière comme une pauvre fourmi qui, après bien des peines, apporte un gros brin de paille au nid commun ! Mais voyons, c'est assez parler de moi ! toi, toi, ma sœur?

LA BACCHANAL. Oh ! moi, je suis heureuse, très heureuse, puisque je ris, puisque je chante, puisque je vais brillante et parée, jusqu'au jour où tout cela s'évanouira. Mais ce jour-là, vois-tu, si l'argent nous manque ou si Jacques m'abandonne.. bah ! on a toujours seize sous pour acheter un boisseau de charbon.

LA MAYEUX. Ma sœur ! oh ! ne dis pas cela ! ne dis pas cela !

LA BACCHANAL. Rassure-toi... je n'en serai jamais là... nous sommes riches, et si je ne craignais pas de te fâcher, je te demanderais de me laisser venir à ton aide.

LA MAYEUX. Son argent!... à lui!

LA BACCHANAL. Je t'en conjure, accepte, ou je croirai que tu me dédaignes.

LA MAYEUX. Et moi si tu insistes... je croirai que tu me méprises.

LA BACCHANAL. Tu as raison... tu ne dois pas... tu ne peux pas accepter... un secours de mon amant. Il y a des positions si humiliantes, qu'elles souillent jusqu'au bien qu'on voudrait faire.

LA MAYEUX. Céphise... je n'ai pas voulu te blesser... tu le sais bien.

LA BACCHANAL. Oui ! oui, je le sais.

TOUS, *criant chez le traiteur.* La reine Bacchanal ! la reine Bacchanal.

LA BACCHANAL, *s'essuyant les yeux.* Allons, voilà ma cour qui s'impatiente.

GRINGALET, *au balcon du restaurateur.* La Bacchanal ! ou je m'empoisonne avec un verre d'eau.

JACQUES, *de même.* Céphise, nous t'attendons.

LA BACCHANAL. Oui, oui, à l'instant... reste, reste, Jacques.

FLORINE. La Bacchanal ! ou j'affiche mes bans à la mairie avec Gringalet.

LA BACCHANAL. Oui, mes amis, dans dix minutes je suis à vous, et alors... tempête infernale.

TOUS. Vive la reine Bacchanal. (*Ils rentrent.*)

SCENE IV.
LA BACCHANAL, LA MAYEUX, JACQUES.

JACQUES. Nous v'là seuls. Eh bien! Mademoiselle, comment se porte mon ancien camarade Agricol?.. depuis que je joue au millionnaire, je ne le vois plus, mais je l'aime toujours, allez!

LA MAYEUX. Hélas! Monsieur, il est arrivé bien des malheurs à lui et à sa famille, il est en prison.

LA BACCHANAL. En prison!

JACQUES. Agricol! en prison!.. lui! et pourquoi?

LA MAYEUX. Peu de chose, un délit politique, je crois. On espérait le faire mettre en liberté sous caution.

JACQUES. Sans doute, pour cinq cents francs, je connais ça.

LA MAYEUX. Malheureusement, cela a été impossible... la personne sur laquelle on comptait...

LA BACCHANAL. Jacques... tu entends... Agricol en prison, pour cinq cents francs... (*Elle lui fait des signes.*)

JACQUES. Par Dieu!.. je t'entends et je te comprends, tu n'as pas besoin de me faire des signes... en prison, lui qui fait vivre sa mère!..

LA MAYEUX. Hélas oui!

JACQUES. Tenez, Mademoiselle, voilà ma bourse.

LA MAYEUX. Mais... Monsieur...

JACQUES. Ah! si c'était pour vous, vous me refuseriez et vous auriez raison, mais pour lui, pour ceux qui l'entourent, vous n'avez pas ce droit-là... Prenez, c'est le restant de ma fortune, mais j'hérite demain! tout est payé d'avance pour la bamboche, et il y a là dedans vingt-cinq ou trente napoléons; je ne pouvais pas mieux les finir qu'en m'en servant pour sauver un ami de la peine..

LA BACCHANAL. Jacques... embrasse-moi tout de suite.

JACQUES, *l'embrassant.* Tout de suite, et encore et toujours!

LA MAYEUX. Monsieur Jacques, vous êtes généreux et bon, le père d'Agricol aura du moins cette consolation à de bien cruels chagrins.

CRIS, *dans le restaurant.* La Bacchanal! la Bacchanal!

GRINGALET, *au balcon; il est gris.* La reine! ou je brise les femmes et la vaisselle.

JACQUES. Un instant, je n'ai plus de quoi payer la casse!.. Allons, ma reine, nos sujets s'impatientent... Adieu! Mademoiselle, la royauté a ses devoirs.

LA MAYEUX. Retourne à la fête, Céphise, amuse-toi de bon cœur... tu le peux, car M. Jacques va rendre une famille bien heureuse...

LA BACCHANAL, *l'embrassant.* Adieu, ma sœur.

LA MAYEUX. Adieu, toi du moins... sois heureuse!..

(*Elle sort par la droite, tandis que la Bacchanal et Couche-tout-nu sont accueillis par les masques qui sont sortis du restaurant et se sont mis à toutes les fenêtres ; Céphise, aidée par Couche-tout-nu, monte dans la calèche, et de là entre par la fenêtre au premier étage du restaurant. En même temps paraissent au fond, Rodin et trois hommes qui observent ce qui se passe.*)

SCENE V.
RODIN, RECORS.

RODIN, *aux recors.* Allez! vous savez ce que vous avez à faire.

PREMIER RECORS. Oui, Monsieur. (*Ils entrent chez le traiteur.*)

RODIN. Tout va bien. Encore un dont nous serons débarrassés aujourd'hui!.. tous... tous... éloignés, enfermés!.. C'est demain que cette immense fortune... que ces trésors incalculables doivent être remis aux héritiers qui se présenteront, et demain, notre Gabriel seul sera au rendez-vous.

SCÈNE VI.
RODIN, JACQUES, LA BACCHANAL, RECORS.

LA BACCHANAL, *hors d'elle.* Non, non, je ne veux pas qu'on l'emmène!

JACQUES. Céphise.

RODIN, *à part.* Le voilà, c'est bien. (*Il fait signe aux recors.*) C'est bien. (*Il sort.*)

LA BACCHANAL. Je vous dis que vous me tuerez avant de l'arracher de mes bras!

COUCHE-TOUT-NU. Du courage, Céphise, ces Messieurs font leur devoir, et puisque je ne paie pas, il faut bien que j'aille en prison.

LA BACCHANAL. En prison!... mais cet homme.. ce créancier t'avait promis...

COUCHE-TOUT-NU. De me donner du temps... il s'est moqué de moi, voilà tout... et maintenant me v'là dedans pour cinq ans.

LA BACCHANAL. Cinq ans!.. et ne pouvoir rien, rien! (*Elle se met à pleurer.*)

PREMIER RECORS, *s'approchant.* Monsieur!

COUCHE-TOUT-NU. Monsieur, je vous demande encore cinq minutes. (*Le recors remonte un peu.*) Écoute, Céphise, depuis que je suis là, je ne pense qu'à une chose : à ce que tu vas devenir.

LA BACCHANAL. Oh! ne t'inquiète pas de moi... C'est de toi qu'il s'agit.

COUCHE-TOUT-NU, *avec force.* Céphyse, je te demande comment tu feras pour vivre demain?

LA BACCHANAL. Mon Dieu!.. mais je vendrai... je vendrai mon costume, mes effets... Je t'enverrai la moitié de l'argent et je garderai le reste, ça me fera quelques jours.

COUCHE-TOUT-NU. Et après?.. après?..

LA BACCHANAL. Après? dame!.. alors, je ne sais pas, moi! Mon Dieu que veux-tu que je te dise?

COUCHE-TOUT-NU. Écoute, Céphise, c'est maintenant que je vois combien je t'aime... J'ai le cœur serré comme dans un étau , en pensant que je vais te quitter... Ça me donne le frisson de ne pas savoir ce que tu vas devenir... Vois-tu, ce qui nous a perdus, c'est de nous dire toujours : demain n'arrivera pas... C'est d'avoir jeté l'argent follement, c'est d'avoir oublié, l'un et l'autre, le chemin de l'atelier.

LA BACCHANAL. Oh! mais maintenant!..

COUCHE-TOUT-NU. Maintenant que je ne serai plus près de toi, quand tu auras dépensé le dernier sou des hardes que tu vas vendre.. incapable de travailler, comme tu l'es devenue... veux-tu que je te dise ce que tu feras... Eh bien! tu m'oublieras, et un autre... Misère de Dieu !.. si cela devait arriver, je me briserais la tête sur le pavé!..

LA BACCHANAL. Moi !.. un autre amant ?.. Oh! jamais, jamais!

COUCHE-TOUT-NU. Mais, pour vivre! pour vivre, ma pauvre Céphise!

LA BACCHANAL. Eh bien! j'aurai du courage, j'irai... habiter avec ma sœur... Je travaillerai jour et nuit avec elle... Je ne sortirai que pour aller te voir. Oh! tu verras, tu verras, je reprendrai l'habitude du travail, et... si on te laisse enfin sortir de là bas... nous vivrons pauvres, mais tranquilles.

COUCHE-TOUT-NU. Tiens, embrasse-moi, tu me donnes du courage pour maintenant et pour plus tard...

PREMIER RECORS. Allons, Monsieur...

COUCHE-TOUT-NU. Oui, oui, je vous suis, Monsieur... Céphise, souviens-toi, reprends dès aujourd'hui l'habitude du travail... plus tard, il ne serait plus temps... Plus tard, ma Céphise, tu finirais comme tant d'autres malheureuses.

LA BACCHANAL, *d'une voix sourde*. Je t'entends... Mais j'aimerais mieux cent fois la mort qu'une telle vie...

COUCHE-TOUT-NU. Et tu aurais raison ; car, dans ce cas-là, vois-tu, je t'y aiderais à mourir...

LA BACCHANAL. J'y compte bien, Jacques.

SCENE VII.
Les mêmes, TOUS LES MASQUES.

FLORINE. Eh bien! quoi donc ?.. on néglige les amis, et la danse donc, et le champagne.

LA BACCHANAL. Oh! laissez-nous, vous ne savez pas...

COUCHE-TOUT-NU, *bas*. Tais-toi, à quoi bon troubler leur joie... (*Haut.*) Mes amis, je suis forcé de vous quitter.

TOUS. Ah !..

COUCHE-TOUT-NU. Mais nous nous reverrons bientôt. (*A la Bacchanal.*) Oui, oui, bientôt! Adieu, Céphise ! (*Il l'embrasse.*)

LA BACCHANAL. Adieu, adieu! (*Couche-tout-nu s'éloigne avec les recors.*)

FLORINE. Au revoir, Couche-tout-nu !

LA BACCHANAL. Oh! si je ne dois pas le revoir, mon Dieu ! faites que je meure bientôt...

RODIN, *s'approchant*. Depuis l'entrée des masques, la nuit est venue graduellement. Mourir !.. à votre âge, allons donc !

LA BACCHANAL. Vous ! vous ! Monsieur !..

RODIN. Si vous voulez... vous pourrez le sauver !..

LA BACCHANAL. Le sauver !.. Oh ! parlez... que faut-il faire ?..

RODIN, *lui donnant une carte*. Demain, à cette adresse, vous le saurez.

LA BACCHANAL. Oh! j'y serai, Monsieur.

RODIN. A demain. (*Il s'éloigne.*)

LA BACCHANAL. A demain.

FLORINE. Et nous, les enfants, dégourdissons-nous les jarrets en attendant les roulantes...

LA BACCHANAL.
Air nouveau d'Amédée Artus.

Gais enfants du carnaval,
  Que l' plaisir entraîne,
Au nom d' notre souveraine,
  La rein' Bacchanal,
Dans des flots de vin vieux
  Noyons la paresse;
Viv' la joie et l'ivresse,
  Seuls plaisirs des dieux.
Que tout l' mond' soit en goguette
Et que tout Paris répète :
  Crac.
Bacchanal, Bacchanal,
C'est le refrain du carnaval,
  Bacchanal, Bacchanal.
  Viv' la Bacchanal!

CHŒUR.
DEUXIÈME COUPLET.

Dans l' salon, dans l'atelier,
  Et dans la boutique
On n' fait que d' la politique,
  Quel vilain métier.
Évitons entre nous
  Tous ces bavardages,
Aujourd'hui, les plus sages
  Ce sont les plus fous.
Que tout l' monde soit en goguette, etc.

CHŒUR.
TROISIÈME COUPLET.

La vie est un carnaval,
  Où tout est folie ;
Rien n'est vrai sinon l'orgie,
  L'amour et le bal.
Pour la rein' Bacchanal,
  Chicards et pierrettes,
Débardeurs et grisettes,
  Galop infernal.
Que tout le mond' soit en goguette, etc.

CHŒUR.

FIN DU ONZIÈME TABLEAU.

ACTE QUATRIÈME.

DOUZIÈME TABLEAU.

Le salon rouge.

Un grand salon rouge ; au milieu, une table couverte d'un tapis de velours cramoisi ; au fond, un grand portrait, c'est celui du Juif Errant dans le costume où on l'a vu apparaître au prologue.

SCENE PREMIERE.

D'AIGRIGNY, RODIN, SAMUEL.

(*Au lever du rideau, on entend frapper des coups de marteau sur les murs de gauche, et tomber des pierres qui s'abattent. Après quelques instants, la porte s'ouvre avec un bruit de barres qu'on enlève et de serrures qui cèdent.*)

SAMUEL. Entrez, Messieurs, c'est ici.

D'AIGRIGNY. Ce salon est le premier de cette maison où personne n'a pénétré depuis cent cinquante ans.

SAMUEL. Non, Monsieur, personne.

D'AIGRIGNY. Sur cette table, je vois un papier ; est-ce vous qui venez de l'y mettre ?

SAMUEL. Non, Monsieur ; il y a été déposé sans doute le jour où cette porte a été murée.

D'AIGRIGNY, *à Rodin, qui a pris le papier.* Lisez.

RODIN. « Dans cette salle de ma maison de la « rue Saint-François sera ouvert mon testament ; « les autres appartements demeureront clos jus- « qu'après la lecture de mes dernières volontés. »

D'AIGRIGNY. Ce papier, qu'aucune main n'a touché depuis qu'une main déjà tombée en poussière y a tracé ces mots, cet air humide et froid... (*Il aperçoit le portrait.*) Quel est ce portrait ?

SAMUEL. Mon père tenait de son père que dans cette salle se trouvait le protecteur de la famille de Rennepont : c'est sans doute celui-ci.

D'AIGRIGNY. Étrange figure !... (*A Samuel.*) Et c'est à vous que, de père en fils, a été transmise la garde de cet immense héritage ?

SAMUEL. Oui, Monsieur.

RODIN. Et vous êtes prêt à rendre exactement vos comptes ?

SAMUEL. Je suis prêt.

D'AIGRIGNY. C'est aujourd'hui, treize février, à midi, que doivent être rendus les héritiers vivants du comte de Rennepont, sous peine d'être exclus du partage. Quelle heure est-il, monsieur Rodin ?

RODIN. Onze heures et... (*Dans une chambre à côté, une horloge sonne une demie. — Vivement à Samuel.*) Vous disiez que personne n'avait jamais pénétré ici.

SAMUEL, *avec un étonnement mêlé de crainte.* Vous-même avez présidé au descellement de cette porte.

RODIN ET D'AIGRIGNY, *se regardant.* C'est étrange ! (*On entend frapper au dehors.*) Quel est ce bruit encore ?

SAMUEL. Quelqu'un qui frappe à la porte de la rue.

D'AIGRIGNY. Si c'est un notaire ou un jeune prêtre, l'abbé Gabriel, introduisez-le sur-le-champ.

SAMUEL, *sortant.* Oui, Monsieur.

SCENE II.

D'AIGRIGNY, RODIN.

D'AIGRIGNY. La solennité de ce jour si longtemps attendu, le caractère mystérieux de ce qui nous environne, tout m'impressionne et me frappe.

RODIN, *froidement.* Le cœur vous bat, monsieur l'abbé ?

D'AIGRIGNY, *se ranimant.* Et qu'aurions-nous donc à craindre ? les héritiers ne sont-ils pas hors d'état de se présenter à l'heure voulue ? Gabriel héritera seul ; Gabriel fait partie de notre ordre, et dans la sainte Compagnie de Jésus nul ne possède rien qui n'appartienne à l'ordre tout entier.

RODIN. C'est vrai...

SAMUEL, *paraissant, suivi de Gabriel.* Entrez ; entrez, Monsieur. (*Il se retire.*)

(*Gabriel salue et entre.*)

SCENE III.

LES MÊMES, GABRIEL.

D'AIGRIGNY. Venez, venez, mon cher fils... Nous touchons au terme de bien des peines, de bien des efforts, et...

GABRIEL, *froidement.* Je ne vous comprends pas, Monsieur...

D'AIGRIGNY. Ne savez-vous rien, absolument rien du motif qui nous réunit ici ?

GABRIEL. Rien... Je quitte ma mère d'adoption, et si je suis venu vous trouver dans cette maison, c'est moins à cause des graves intérêts qui, dit-on, nous y appellent, que pour obtenir enfin un entretien... que j'ex... que je désire.

RODIN, *bas.* Voilà qui est de mauvais augure.

D'AIGRIGNY. Parlez, je vous écoute, mon cher fils.

GABRIEL. Mon père, je veux me séparer de votre ordre ; mon père, je ne veux plus faire partie de la Compagnie de Jésus.

D'AIGRIGNY, *avec effroi.* Que dites-vous ?

RODIN, *de même.* Vous... vous séparer ?

GABRIEL. Je le veux !

D'AIGRIGNY, *haut.* Qui a pu faire naître une semblable résolution ?

GABRIEL. Dieu, qui n'a pas permis que mon cœur s'égarât en même temps que vous égariez ma raison ; Dieu, qui a voulu que ma conscience se révoltât enfin contre les maximes de cet ordre, qui ne disent pas : Aimez-vous les uns les autres ; mais : Défiez-vous les uns des autres ; de cet ordre où l'espionnage est organisé, où la délation est un devoir et la trahison une vertu ; de cet ordre maudit dont les statuts justifient le vol, excusent la calomnie, le parjure, commandent parfois le meurtre et pardonnent le régicide.

RODIN. Assez, assez, Monsieur.

D'AIGRIGNY. Ce que vous dites-là, mon fils...

GABRIEL. Ce que je dis là, mon père, du jour où je l'ai su, du jour où je pensai que moi, prêtre d'un Dieu de charité, de pardon et d'amour, j'appartenais à une compagnie où se professent ces doctrines infâmes, de ce jour-là, j'ai fait à Dieu le serment de rompre à jamais les liens qui m'enchaînaient à elle !...

D'AIGRIGNY, *bas à Rodin.* Mais tout est fini... tout est perdu !..

RODIN, *bas.* Non. (*Haut à Gabriel.*) Remerciez M. l'abbé, mon enfant, et bénissez sa touchante sollicitude...

GABRIEL. Comment ?

D'AIGRIGNY. Que signifie ?

RODIN. Depuis longtemps, M. d'Aigrigny avait lu dans votre cœur, il prévoyait votre demande, et cette liberté que vous désirez aujourd'hui... il l'a sollicitée, il l'a obtenue ; vous êtes relevé de vos vœux, de tous vos vœux, par la cour de Rome.

GABRIEL. Se peut-il !

D'AIGRIGNY, *bas.* Mais que dites-vous donc ?

RODIN. Les pouvoirs que vous avez reçus en blanc, vous les avez sur vous, monsieur d'Aigrigny ?

D'AIGRIGNY, *bas.* Mais c'était...

RODIN. C'était pour notre cher enfant, je sais, vous me l'avez dit, et vous allez y mettre son nom... puisque tel est l'ardent désir de son âme... et nous, pauvres vieillards, nous n'aurons qu'un regret... c'est de voir notre cher fils choisir, pour nous quitter, le jour où doit lui échoir quelques biens de ce monde... un héritage... de l'argent qui devait appartenir à nos frères... c'est-à-dire à tous les malheureux.

GABRIEL. Un héritage !.. oh ! je jure, Monsieur, que jamais je n'ai soupçonné... que m'importe l'argent, à moi !

RODIN. Heu ! heu !.. une faible somme peut-être... peut-être aussi...

GABRIEL. Je suis jeune, je suis fort, je travaillerai... c'est la liberté, la liberté seule que je demande.

RODIN. Bien ! bien ! mon enfant, vous renoncerez aux biens périssables de ce monde... et vous pourrez du moins vous séparer de nous en emportant votre honneur et notre estime... J'écris la renonciation à l'héritage ; vous, monsieur d'Aigrigny, remplissez l'acte qui rend la liberté à notre cher Gabriel.

(*Ils se mettent tous deux à écrire.*)

GABRIEL. Libre !.. je serai libre enfin !.. O ma mère !... Agricol... mes amis, vous ne pleurerez plus sur moi comme on pleure sur un fils ou sur un frère qui n'est plus.

D'AIGRIGNY. L'acte est en règle ; vous n'avez plus qu'à le signer vous-même.

RODIN. Pardon, le mien, le mien d'abord, monsieur l'abbé. (*Il tend la plume à Gabriel.*) Une toute petite signature, pour abandonner l'héritage quel qu'il soit.

GABRIEL. Quel qu'il soit, oui, Monsieur ; fût-il d'un million, je ne croirais pas avoir payé trop cher tout ce que j'achète aujourd'hui.

RODIN. Un million !.. s'il s'agissait d'un million nous ne voudrions pas...

(*Moment de silence, pendant lequel Gabriel s'approche de la table et signe.*)

D'AIGRIGNY, *bas.* Il a signé ! (*Haut.*) Tenez, tenez, mon fils.

(*Il lui remet l'acte qu'il tient à la main.*)

RODIN, *bas.* Ah !.. j'ai eu bien peur.

D'AIGRIGNY. Je suis content de vous, Rodin.

RODIN, *avec humilité.* Monsieur l'abbé a beaucoup d'indulgence.

SAMUEL, *entrant.* Le notaire.

SCENE IV.
Les mêmes, LE NOTAIRE.

LE NOTAIRE. Veuillez prendre place, Messieurs. (*Tout le monde s'assied.*) Et vous, Samuel, apportez les valeurs confiées à votre garde.

SAMUEL, *plaçant une cassette sur la table.* Tout est là, Monsieur.

LE NOTAIRE, *ouvrant le testament.* Écoutez, Messieurs. (*Lisant.*) « Si j'exige que ceux de ma race se trouvent en personne à l'ouverture de mon testament, c'est afin que, réunis à ce moment solennel, ils se voient, se connaissent, et s'entendent pour accomplir ma volonté dernière ! Ma famille a été persécutée sans relâche par la compagnie de Jésus. Je meurs faussement accusé, assassiné par les jésuites.

GABRIEL. Grand Dieu !..

LE NOTAIRE, *lisant.* « Je confie les débris de ma fortune à un ami fidèle, afin que cet argent, placé d'âge en âge, pendant cent cinquante ans, donne à mes descendants, avec une fortune immense, un pouvoir capable de lutter contre une association perverse, afin qu'à l'œuvre de ténèbres, de compression et de despotisme, les miens puissent opposer une œuvre de lumière, d'expansion et de liberté !.. »

ACTE IV, TABLEAU XII, SCENE VI.

RODIN, *bas*. Hérétique !
GABRIEL. Mais moi... que signifie...
LE NOTAIRE, *lisant*. « Grâce à moi, le génie du bien et le génie du mal seront en présence, la lutte commencera, et Dieu protégera les justes.... »
RODIN. C'est fait !
LE NOTAIRE. « Puissent mes héritiers, prévenus depuis bien des années, par la médaille que portera chacun d'eux, ne pas manquer au rendez-vous. Le 13 février, à midi, quand midi sonnera, mon héritage sera partagé entre ceux de mes descendants qui auront assisté à la lecture du présent testament. MARIUS RENNEPONT. »
D'AIGRIGNY. Le nommé Gabriel-François-Marie de Rennepont étant seul ici présent...
GABRIEL. Moi... Gabriel de Rennepont !...
D'AIGRIGNY. L'héritage de son aïeul lui appartient à lui... ou à ceux à qui notre cher fils en a fait l'abandon.
GABRIEL, *à part*. A eux... à cette association maudite, qui a persécuté ma famille... Oh ! qu'ai-je fait ! qu'ai-je fait, mon Dieu ! (*On entend sonner midi.*)
TOUS. Midi !
RODIN. Enfin !
LE NOTAIRE. Aucun autre héritier ne s'étant présenté... Au nom du testateur, je déclare...

SCENE V.

LES MÊMES, DAGOBERT, *pâle et défait*, AGRICOL.

DAGOBERT. Arrêtez, arrêtez, Monsieur... (*Rodin s'élance et saisit la cassette.*)
D'AIGRIGNY. Qui êtes-vous ? que voulez-vous ?
RODIN, *ému*. Oui... que veut cet homme ? qui est-il ?..
DAGOBERT, *à d'Aigrigny*. Qui je suis ?.. Vous ne pouvez pas me reconnaître ?.. Non, car vous baissiez les yeux de honte, lorsqu'à Leipzig, où vous vous battiez contre la France, le général Simon, criblé de blessures, vous a répondu à vous, rénégat, qui lui demandiez son épée : « Je ne rends pas mon épée à un traître ! » A côté du général, il y avait un soldat, blessé aussi ; ce soldat, c'était moi... (*A d'Aigrigny.*) Je viens vous démasquer, vous qui êtes un prêtre aussi infâme, aussi exécré de tous, que Gabriel, que voilà, est un prêtre admirable et béni de tous !..
D'AIGRIGNY, *hors de lui*. Monsieur !..
RODIN, *avec douceur*. Pardonnez-lui ses injures... il ne sait pas ce qu'il dit...
DAGOBERT. Oui, vous êtes un infâme, car, pour voler leur héritage, aux filles du général Simon, à Gabriel et à mademoiselle de Cardoville, vous vous êtes servi des moyens les plus horribles...
GABRIEL. Que dites-vous, les filles du général ?
AGRICOL. Sont tes parentes... et ils les ont enfermées, ainsi que mademoiselle de Cardoville.

GABRIEL. Et c'est moi... moi, qui les dépouille.
AGRICOL. Toi, mon frère !.. Mais tout est sauvé alors, car tu partageras avec les autres.
GABRIEL. Mais tous ces biens, je les ai abandonnés d'une manière irrévocable.
DAGOBERT. Abandonnés !.. ces biens !.. mais à qui ?.. à qui ?..
GABRIEL, *montrant d'Aigrigny*. A lui... à cet homme !
AGRICOL. Grand Dieu !
DAGOBERT. A lui !.. au rénégat... toujours le démon de cette famille !..
AGRICOL. Ah ! mon père a raison, une telle machination est infâme !
D'AIGRIGNY. Prenez garde, Monsieur.
RODIN. Laissez... ne devons-nous pas pardonner les offenses et les offrir au Seigneur, comme preuve d'humilité... Emportons la cassette !
DAGOBERT. Arrêtez, cette donation, il la rétractera...
AGRICOL. Oui, si la loi le permet.
RODIN. Hélas ! mon cher Monsieur, une donation est irrévocable, seulement pour trois raisons : la première, pour survenance d'enfants, et entre gens comme nous... La seconde, est l'exécution des vœux du donataire, et le donataire sera scrupuleusement obéi... La troisième serait l'ingratitude de l'acceptant, et monsieur l'abbé Gabriel peut être bien certain de notre profonde et éternelle reconnaissance... Emportons la cassette !..
DAGOBERT. Je ne souffrirai pas... Mais vous, monsieur le notaire.
LE NOTAIRE, *parcourant l'écrit que lui a remis Rodin.*) L'acte de donation est en règle, et je suis forcé de déclarer M. l'abbé d'Aigrigny seul possesseur de tous ces biens.
RODIN. A merveille... emportons-la... (*Il saisit la cassette ; la porte du fond s'ouvre, le Juif Errant paraît.*)

SCENE VI.

LES MÊMES, LE JUIF.

LE JUIF, *d'une voix forte*. Restez !
GABRIEL. O Ciel !
DAGOBERT. Qu'ai-je vu ?
RODIN, *tremblant*. Quel... quel est cet... homme ?..
GABRIEL. Lui... lui, mon Dieu !
AGRICOL. Gabriel, mon père, qu'avez-vous ?.. répondez, répondez-moi donc...
GABRIEL. Lui, qui, dans l'Inde, m'a arraché des mains des Sauvages qui me crucifiaient...
DAGOBERT. Lui, qui m'apparaissait en Sibérie comme il m'apparaît ici... Lui, qui apparaissait à mon général, il y a trente ans, jeune et fort comme il l'est encore aujourd'hui !..
D'AIGRIGNY. Que disent-ils donc ?..

RODIN. Pour la première fois, j'ai peur.
(Le Juif marche lentement vers un meuble d'ébène, il s'arrête un peu devant Gabriel et devant Dagobert.)
LE JUIF. Espérez... espérez... *(Il va ouvrir le meuble, en sort un papier, qu'il place devant le notaire, se dirige vers la porte du fond, puis s'arrête, se retourne et dit, en regardant encore Gabriel et Dagobert.)* Espérez et priez pour moi!.. *(Il disparaît, la porte se referme.)*
DAGOBERT. Est-ce un rêve?.. Vous l'avez vu comme moi, n'est-ce pas?..
GABRIEL. Et vous aussi, vous le connaissiez?..
D'AIGRIGNY. Mais quel est donc cet homme?.. Comment est-il entré dans cette chambre, fermée depuis de longues années?.. *(Il s'élance vers la porte, qu'il ouvre ; il entre dans la chambre.)*
TOUS. Arrêtez!..
AGRICOL, *qui l'a suivi*. Personne!
D'AIGRIGNY, *reparaissant*. Personne... et pas une issue...
RODIN, *prenant la cassette*. Après tout, que nous importe, allons-nous-en.
DAGOBERT. Un moment, Messieurs, un moment.
RODIN. Laissez-moi sortir, Monsieur.
DAGOBERT. Vous ne sortirez pas que le notaire n'ait lu ce papier.
RODIN. Mais je veux sortir, moi.
DAGOBERT. Vous, tant que vous voudrez, je ne tiens pas à votre présence, mais la cassette... c'est une autre affaire.
RODIN, *avec force*. Mais, Monsieur.
DAGOBERT, *de même*. Mais, Monsieur, c'est comme ça.
LE NOTAIRE, *qui a ouvert le papier*. Qu'ai-je vu? un codicile...
TOUS. Un codicile!...
LE NOTAIRE. Et qui remet tout en question.
RODIN. Comment, qui remet...
DAGOBERT. Remettez donc la cassette.
(Il la prend et la place sur la table.)
RODIN, *soupirant*. Ah!
AGRICOL. Ah! tout n'est pas perdu... Mon père, mes amis, il reste encore de l'espoir...
LE NOTAIRE. Ecoutez, écoutez. *(Il lit.)* « Prévoyant les ruses qu'emploieront nos ennemis pour empêcher les ayant-droit de se trouver au jour fixé au rendez-vous, j'ajourne à trois mois plus tard l'exécution de mon testament... La maison sera refermée jusque-là, et les fonds placés en mains sûres... »
DAGOBERT, *à Rodin*. En mains sûres, en mains sûres, Monsieur, vous voyez bien que vous ne pouviez pas garder cela.
D'AIGRIGNY. Je m'inscris en faux.
RODIN. L'homme qui a remis ce papier est suspect...
LE NOTAIRE. Samuel, emportez cette cassette... et nous, Messieurs, dans trois mois..

TOUS. Dans trois mois.
(Samuel emporte le coffre ; le notaire, Gabriel et Agricol sortent.)
DAGOBERT, *s'approchant de Rodin*. Et dans trois mois, mon bonhomme, la société ici sera plus nombreuse. *(Il sort.)*

SCENE VII.
D'AIGRIGNY, RODIN.

D'AIGRIGNY. Perdu!... tout est perdu!... deux cent douze millions!... Maintenant, que Gabriel nous connaît, il plaidera... Il plaidera, n'est-ce pas, monsieur Rodin? et par le temps qui court, qui sait s'il ne gagnera pas?
RODIN, *avec humilité*. Il gagnera peut-être.
D'AIGRIGNY. Il faut écrire à Rome pour annoncer cet échec, qui renverse d'immenses espérances. *(A Rodin.)* Écrivez.
(Rodin salue respectueusement, met son chapeau par terre et se place à une table.)
RODIN. J'attends vos ordres, Monsieur.
D'AIGRIGNY, *dictant*. « Toutes nos espérances sont déçues... l'affaire Rennepont a échoué complètement et sans retour... Cet immense héritage est à jamais perdu, il ne faut plus y songer... » *(Rodin jette la plume avec hauteur.)* Que faites-vous donc, Monsieur?
RODIN, *se levant, à part*. Il faut en finir, cet homme extravague.
D'AIGRIGNY. La ruine de cette affaire vous fait-elle perdre la tête? Retournez à votre place et continuez d'écrire.
RODIN, *se redressant tout à coup, se campant droit sur ses jarrets, les mains derrière le dos et toisant d'Aigrigny*. Vous dites, Monsieur.
D'AIGRIGNY, *avec étonnement et hésitation*. Pour.. me parler ainsi, avez-vous donc pouvoir de me commander, vous, qui m'avez obéi jusqu'ici?
(Rodin, sans lui répondre, tire d'un vieux portefeuille un papier portant un double cachet, qu'il lui montre ; d'Aigrigny regarde le papier, le porte respectueusement à ses lèvres et le rend à Rodin en s'inclinant, tandis que Rodin le regarde avec pitié et hausse les épaules.)
RODIN. Mettez-vous là, et, à votre tour, Monsieur, écrivez.
D'AIGRIGNY. J'obéis... mais me ferez-vous la grâce de m'apprendre en quoi j'ai mal agi?
RODIN. A l'instant même... Pendant longtemps, quoique cette affaire me parût au-dessus de vos forces, je me suis abstenu... et pourtant que de fautes! quelle pauvreté d'invention! quelle grossièreté dans les moyens!
D'AIGRIGNY. Vous êtes sévère, Monsieur.
RODIN. Je suis juste!... Faut-il donc des prodiges d'habileté pour enfermer quelqu'un dans une chambre?... hein?... Eh bien! avez-vous fait autre

chose? non, certes... Les filles du général, à Leipsick, emprisonnées; à Paris, enfermées au couvent!... J'obéissais alors, mais vos ordres me faisaient honte. Et Adrienne, enfermée, comme ses deux cousines et Couche-tout-nu, en prison; et Djalma, retenu à Cardoville... Tous vos procédés, tous vos moyens, mauvais, incertains, dangereux, parce qu'ils étaient violents. Au lieu d'une lutte d'hommes fins, habiles, opiniâtres et voyant dans l'ombre, où ils marchent toujours, c'est un combat de crocheteurs au grand soleil!... Pour plus de mystères, c'est la garde, c'est le commissaire, ce sont les geôliers que vous prenez pour complices!... Mais cela fait pitié, Monsieur! un succès éclatant pouvait seul vous sauver, et ce succès, vous ne l'avez pas eu...

D'AIGRIGNY. Monsieur, vous êtes plus que sévère, et je ne suis pas habitué...

RODIN. Mais vous vous y ferez! Il y a en vous un vieux levain de batailleur qui fermente toujours, qui ôte à votre raison le sang-froid, la lucidité, la pénétration qu'elle doit avoir... Vous avez été un beau militaire, fringant et musqué; vous avez couru les guerres, les fêtes, les plaisirs et les femmes... Ces choses vous ont usé, vous ne serez jamais qu'un subalterne... vous êtes jugé, il vous manquera toujours cette vigueur, cette concentration d'esprit qui domine les hommes et les événements... Cette vigueur, je l'ai, moi, et savez-vous pourquoi? c'est que, uniquement voué au service de notre compagnie, j'ai toujours été laid, sale, pauvre et vierge!... Oui, Monsieur, voilà pourquoi je vois là où la lumière vous manque; voilà pourquoi je me relève là où vous vous laissez abattre; voilà pourquoi je ferai réussir cette affaire de Rennepont que vous déclarez impossible!...

D'AIGRIGNY. Vous!
RODIN. Moi!
D'AIGRIGNY. Mais on a démasqué nos manœuvres!

RODIN. Tant mieux! je serai forcé d'en inventer de plus habiles, et malheur à qui essayerait de les deviner.

D'AIGRIGNY. Mais on va se défier de nous...

RODIN. Tant mieux, les succès difficiles sont les plus certains... Je puiserai ma force, non dans la violence, mais dans la ruse, mais dans les passions de nos ennemis... Mes armes, c'est dans leur propre cœur que j'irai les chercher... Ils sont tous jeunes, ils sont tous beaux, ils sont tous pleins d'amour et de foi... eh bien, c'est avec la jeunesse, c'est avec la beauté, c'est avec l'amour et la foi que je veux les combattre! Adrienne et Djalma, cœurs ardents et impétueux, ne peut-on les tuer par la passion? Rose et Blanche, cœurs naïfs, épris tous deux de Gabriel redevenu libre, ne peut-on les tuer par le dévouement? Jacques, nature impétueuse et demi-sauvage, ne peut-on la tuer par la jalousie? Écrivez donc, Monsieur, écrivez donc!

D'AIGRIGNY. J'obéis. (*Il se met à la table.*)

RODIN, *dictant.* « Par la faute du révérend père d'Aigrigny, l'affaire des deux cent douze millions a été gravement compromise aujourd'hui... (*Geste de d'Aigrigny. — Rodin, appuyant.*) compromise aujourd'hui... mais moi, Rodin, je me charge de reconquérir ce trésor, de le verser dans les caisses de notre Compagnie, pourvu qu'on me laisse, pour agir, les pouvoirs les plus complets et les plus étendus.. » Donnez.. (*Il signe.*) Que ceci parte aujourd'hui même.

(*D'Aigrigny s'incline; Rodin a repris son vieux chapeau, qu'il brosse de son avant-bras, sans même regarder son ancien chef.*)

Sixte-Quint n'était qu'un gardeur de pourceaux, et Sixte-Quint est devenu pape. Patience! patience

FIN DU QUATRIÈME ACTE.

ACTE CINQUIEME.

TREIZIÈME TABLEAU.
La Mayeux.

Une mansarde chez la Mayeux; au fond, à gauche, une porte donnant sur l'escalier; à droite, une fenêtre; au milieu, une armoire dans le mur.

SCENE PREMIÈRE.

LA MAYEUX, *seule, écoutant à la porte.* Rien! Rien encore!... Que leur est-il arrivé, mon Dieu! Madame Françoise a parlé, enfin; elle a révélé à son mari le secret de l'enlèvement des filles du général Simon. M. Dagobert et Agricol sont partis cette nuit pour ce couvent où on les tient enfermées. Ont-ils réussi? ont-ils échoué dans leur entreprise désespérée?... (*Allant à la porte.*) Ah! ce sont eux, sans doute.

SCENE II.
LA MAYEUX, RODIN.

LA MAYEUX, *reculant.* Monsieur Rodin!

RODIN, *à part.* Sa clairvoyance nous perdrait, il faut la frapper comme les autres. (*Haut.*) Oui, moi, qui vous apporte des nouvelles d'Agricol et de son père.

LA MAYEUX. Vous! vous! Monsieur!

RODIN. Surpris dans le jardin du couvent de Sainte-Marie, ils ont été arrêtés. Ils allaient être tués comme des voleurs peut-être...

LA MAYEUX. Grand Dieu !

RODIN. Lorsque je suis arrivé, accompagné d'un magistrat qui avait reçu ma déclaration, Dagobert et son fils ont été reconnus innocents. Ils sont libres, ainsi que mademoiselle de Cardoville et les filles du général. Grâce à moi, cette famille de Rennepont sera désormais heureuse.

LA MAYEUX. Est-ce bien vrai, Monsieur ?

RODIN. Pauvre enfant ! vous êtes malheureuse et le malheur rend défiant. Vous ne pouvez apprécier ce que je veux faire pour chacun d'eux ; mais vous me comprendrez mieux si je vous parle d'Agricol.

LA MAYEUX, *émue.* D'Agricol ?

RODIN. C'est le cœur le plus noble et le plus pur... n'est-il pas vrai ?

LA MAYEUX. Sans doute !

RODIN. Ce sera le mari le plus accompli, le plus parfait, n'est-il pas vrai ?

LA MAYEUX, *avec une inquiétude croissante.* Oh ! oui, le plus parfait !

RODIN. Enfin, vous le croyez bien digne de toute la tendresse d'une femme ?

LA MAYEUX, *pouvant à peine se soutenir.* De toute sa tendresse et de tout son respect.

RODIN. Eh bien ! apprenez-le en confidence : l'une des filles du général Simon épousera Gabriel, qui est libre maintenant, et la générosité de mademoiselle de Cardoville comblera la distance qui sépare l'autre d'Agricol.

LA MAYEUX. Ah ! répétez... je... je ne comprends pas.

RODIN. Moi qui vous croyais si intelligente ! je vous dis que si Gabriel épouse Rose, Agricol enrichi épousera Blanche.

LA MAYEUX, *d'une voix expirante.* Ah ! mon Dieu !

RODIN. Et pour vous punir de votre défiance, je veux que ce soit vous qui lui portiez cette bonne nouvelle.

LA MAYEUX, *tombant sur une chaise.* Ah ! perdue ! perdue !

RODIN. Allons ! allons ! tout va bien : la Bacchanal a été exacte au rendez-vous ; Rose et Blanche, j'en suis sûr, aiment toutes deux Gabriel, et cet amour les tuera. La Mayeux, trop clairvoyante, est frappée au cœur. Je le disais bien, l'amour, la jalousie, le désespoir... je les tiens tous. (*Il sort.*)

SCÈNE III.

LA MAYEUX, *seule.* Se marier ! se marier ! Eh bien ! cela ne devait-il pas arriver un jour ou l'autre ?... Ne devais-je pas m'y attendre ? Agricol ne me disait-il pas hier encore : « Quand je me marierai, ma bonne Mayeux, tu aimeras bien ma femme, n'est-ce pas ?... » Eh bien ! oui, je l'aimerai... je... je... oh ! non, c'est impossible ! assez de résignation, assez de souffrances, assez de tortures ! Pardonnez-moi ce que je vais faire, mon Dieu, mais le courage me manque !... D'ailleurs, quel crime commettrais-je ? Je ne laisse personne derrière moi ; ma mort ne fera verser aucune larme. Agricol, peut-être, dira : C'est dommage, c'était une bonne fille, puis un sourire de sa femme, une caresse de ses enfants, lui feront bien vite oublier mon souvenir... Allons, ces derniers mots d'adieu pour lui, et puis.... (*Regardant sa fleur.*) Pauvre fleur ! que ses mains ont touchée et qui serez fanée moins vite que moi, portez-lui ce dernier baiser de ma bouche, ce dernier souffle de mon âme. (*Elle écrit.*) Maintenant... le charbon... le réchaud... (*Soufflant le feu.*) Ah ! Céphise avait raison, quelle que soit la misère, on peut toujours acheter assez de charbon pour mourir. (*Écoutant.*) On vient... Grand Dieu !... qu'on ne soupçonne pas !... (*Elle cache le réchaud dans l'armoire.*)

SCÈNE IV.

LA MAYEUX, GRINGALET.

LA MAYEUX. Vous voilà encore ici, monsieur Gringalet ?

GRINGALET. Moi !.. Bédame !

LA MAYEUX. Pourquoi êtes-vous venu ?

GRINGALET, *cherchant.* Pour... pour porter à son adresse la lettre que vous avez .. là.

LA MAYEUX, *souriant tristement.* C'est pour cela que je vous trouve sans cesse sur mon passage ?

GRINGALET. Rien que pour ça. (*A part.*) Le bon petit saint Rodin me l'avait recommandé. Il sera content de moi, saint Rodin. (*Haut.*) Et puis... je ne sais pas comment que ça se fait, y me semble que je voudrais être bien avec vous... je voudrais... je voudrais que je sois votre ami, quoi !

LA MAYEUX. Je vous remercie, c'est bien bon à vous de vous attacher à une pauvre fille dont on est plutôt tenté de se moquer.

GRINGALET. Ah ben ! non ! par exemple ! se moquer... (*Pleurant.*) Se moquer !.. au contraire, moi... je voudrais pouvoir vous rendre service.

LA MAYEUX. Vous le pouvez ?

GRINGALET. Dites... je suis tout ouïes.

LA MAYEUX. D'abord, vous me promettez d'être discret ?..

GRINGALET. Oh ! Dieu ! *motus, mota, motum !* comme dit saint Rodin, je mettrai un pain à cacheter sur ma boîte à paroles.

LA MAYEUX. Ensuite, vous porterez cette lettre à son adresse.

GRINGALET. J'y trotte...

LA MAYEUX. Non... demain... pas avant .. vous me le promettez.

GRINGALET. Je vous le promets.

LA MAYEUX. Vous... vous me le jurez ?

ACTE V, TABLEAU XIII, SCENE V.

GRINGALET, *avec conviction.* Sur la vie de mon plus mortel ennemi.

LA MAYEUX, *lui donnant la lettre.* Tenez... demain...

GRINGALET. Demain... (*Flairant.*) Qu'est-ce que ça sent donc? ça sent très fort ici...

LA MAYEUX, *vivement.* Oh! ce n'est rien. Maintenant partez... (*Le retenant.*) Ah! bientôt peut-être, M. Agricol... se mariera.

GRINGALET. Ah bah!

LA MAYEUX. Si... je n'étais plus ici... si... je quittais Paris...

GRINGALET. Quitter Paris!.. vous expariser.

LA MAYEUX. Si cela arrivait, vous lui donneriez cette fleur de ma part.

GRINGALET. Elle n'est pas bien fraîche...

LA MAYEUX. En la voyant il pensera à moi... et cette amitié que vous me témoignez... vous la reporterez sur Agricol et... sur... sur sa femme.

GRINGALET. Ah ben! non, du tout... je veux bien avoir de l'amitié pour eux... (*Emu.*) Mais je n'ai pas besoin de leur z'y donner celle que j'ai là pour vous! Je n'ai pas valu grand' chose... j'ai pas aimé grand' chose jusqu'à c't heure... (*Pleurant.*) Mais auprès de vous, ma bonne petite Mayeux, j'ai comme des regrets de toute ma vie passée... y me semble que ça doit être bon... d'être bon!..

LA MAYEUX. Oui... oui... persévérez... on ne se repent jamais... adieu.

GRINGALET. Ah... ah! sapristi! que ça sent donc fort ici!..

LA MAYEUX. Partez vite!..

GRINGALET, *sur le carré.* V'là quéqu'un!

LA MAYEUX, *regardant.* Ma sœur... oh! cachez, cachez cette lettre... qu'elle ne soupçonne pas...

GRINGALET, *étonné.* Quoi donc?..

LA MAYEUX. Mais cachez-la donc... elle vient.

GRINGALET. Soyez tranquille... elle ne verra rien. (*Céphise entrant se précipite dans les bras de la Mayeux; Gringalet sort en disant.*) Qu'est-ce qu'il y a donc?

SCENE V.
LA MAYEUX, CÉPHISE.

CÉPHISE, *très pâle.* Ma sœur? ma sœur!.. ah! que je suis heureuse de te voir!

LA MAYEUX. Mon Dieu! comme tu es pâle!.. qu'as-tu donc?..

CÉPHISE. Ce n'est rien!..

LA MAYEUX. Ta main est glacée!..

CÉPHISE. Ce n'est rien!..

LA MAYEUX. Ton front brûle!

CÉPHISE. Ce n'est rien, te dis-je... (*Lui prenant la main et la mettant sur son cœur.*) C'est là... là que je souffre!..

LA MAYEUX. Que t'est-il donc arrivé?..

CÉPHISE. Ils m'ont tendu un piège... un piège horrible.. pourquoi... je l'ignore... Ils m'ont dit : celui que tu aimes est arrêté, arrêté pour cinq ans! si tu le veux, il sera libre... Libre!.. lui!.. comprends-tu ma joie? mon ivresse? Faut-il la moitié de ma vie, ai-je répondu, prenez-la, mais rendez-moi Jacques! ce qu'il leur fallait, ce n'était pas ma vie... c'était bien autre chose...

LA MAYEUX. Comment?

CÉPHISE. Ils voulaient que Jacques me crût coupable, et qu'une autre femme se crût trompée par celui qu'elle aimait, car ils me conduisirent chez un étranger jeune, beau, riche, très riche, je crois. Là, j'ai dit que j'aimais Jacques et que je ne serais jamais à un autre... C'est bien, m'ont-ils répondu, et quelques heures après j'étais auprès de cet inconnu, brillante et parée, au théâtre, en face d'une loge où se trouvait une jeune fille dont les yeux me regardaient avec colère et se remplissaient quelquefois de larmes en se portant sur l'étranger, que j'entendais se dire à lui-même : On ne m'a pas trompé... elle m'aimera.

LA MAYEUX. C'est singulier!

CÉPHISE. Je comprenais bien que je servais à torturer quelqu'un, je me le reprochais, mais je voulais qu'il fût libre, lui! Tout à coup, un bruit violent se fait entendre derrière moi... je me retourne, c'était Jacques qui se trouvait là... conduit par nos ennemis, sans doute, et qui me dit d'une voix terrible : Je vous le disais bien que vous seriez infâme! puis il s'enfuit, en me criant : Je pars, je ne vous reverrai jamais!

LA MAYEUX. Ah! pauvre sœur.

CÉPHISE. Et maintenant il est parti!.. et dussé-je le revoir, je le connais, rien ne pourra le convaincre!.. c'est pour cela que j'ai pris mon parti, je veux mourir.

LA MAYEUX. Mourir toi... oh! non, non.

CÉPHISE. Mais songe donc qu'il est parti... songe que je n'ai plus que la misère et la honte, j'aime mieux mourir, ma sœur, et je viens te dire adieu!

LA MAYEUX. Eh bien! si cette résolution est irrévocable, ne me dis pas adieu, Céphise, car nous partirons ensemble.

CÉPHISE. Comment?

LA MAYEUX. Regarde, tout était prêt... cette porte ferme bien, la fenêtre, la cheminée calfeutrées... et là... (*Elle montre l'armoire.*)

CÉPHISE. Là?..

LA MAYEUX. Ton parti est bien pris, Céphise.

CÉPHISE. Oui!..

LA MAYEUX, *ouvrant l'armoire et laissant voir le réchaud embrasé.*) Là est la mort! cette vapeur nous tuera ensemble.

CÉPHISE. Toi, mourir, si jeune, si sage, si pure... oh non! pas toi, pas toi! pas toi, ma sœur!

LA MAYEUX. Céphise, tu succombes à la douleur d'un jour, mais... il y a des années que je souffre... Céphise, celui que tu aimes t'abandonne... J'aime aussi, moi.

CÉPHISE. Toi ?..

LA MAYEUX. Et celui que j'aime rirait de mon amour... celui que j'aime...

CÉPHISE. Oh! mais je ne veux pas! je ne veux pas !..

LA MAYEUX. Céphise! demain, celui que j'aime en épouse une autre, une autre qui est belle, une autre qui est riche, elle !..

CÉPHISE. Ah! pauvre enfant! pauvre enfant!

LA MAYEUX. Quand on lui dira que je suis morte, crois-tu qu'Agricol vienne ici.

CÉPHISE. Lui, si bon!

LA MAYEUX. Oui, je le crois aussi... il viendra... Soutiens-moi... mes jambes faiblissent... là, sur ce fauteuil.

CÉPHISE, *chancelant.* Oui..

LA MAYEUX. Merci! merci!..

CÉPHISE. Dieu me pardonnera-t-il de t'avoir laissé mourir?

LA MAYEUX. Oui, ma tâche ici bas est remplie, j'ai fait tout ce qu'une pauvre créature de ma sorte pouvait faire; ceux qui ont été bons pour moi sont heureux... qu'importe, que je m'en aille; je suis si lasse !..

CÉPHISE, *l'embrassant.* Oh! s'aimer ainsi et se quitter !..

LA MAYEUX. Se quitter... non... non... Dieu est bon... Dieu est clément... nous allons... à une vie meilleure... viens... là haut... ma sœur.., on y est mieux... partons... vite...

CÉPHISE, *à genoux.* Toi... qui sais encore prier... apprends-moi...

LA MAYEUX, *d'une voix faible.* Dieu !.. Dieu... (*Sa tête retombe.*)

CÉPHISE. Oh! je ne veux pas que tu meures avant moi... attends... attends-moi... je... je viens... (*On entend frapper violemment à la porte.*) du... du monde !.. pour nous sauver... oh! non... non...

UNE VOIX, *en dehors.* Ouvrez! ouvrez!

CÉPHISE, *d'une voix éteinte.* Non... je ne veux pas...

JACQUES, *en dehors.* Céphise !.. Céphise...

CÉPHISE, *brusquement.* Cette voix ?..

JACQUES. C'est moi... moi, Jacques, entends-tu?

CÉPHISE. Jacques !

JACQUES. Jacques qui te revient... ouvre... ouvre vite.

CÉPHISE. Jacques qui... me... qui... Oh! je veux qu'on nous sauve à présent !.. (*Elle va vers la porte.*) Je veux... je... (*Elle fait quelques pas et tombe.*) Ah !

(*On entend frapper de nouveau; tout à coup les carreaux volent en éclats et Gringalet entre par la fenêtre.*)

GRINGALET. J'y suis !.. Sapristi, que ça sent fort!

SCENE VI.

CÉPHISE ET LA MAYEUX *évanouies*, GRINGALET, JACQUES, DEUX VOISINES.

JACQUES. Céphise... morte... non, évanouie... secourez-la, secourez-la...

GRINGALET. Eh bien! et l'autre donc, j'en veux aussi pour l'autre, moi des secours !..

JACQUES. De l'air... Oh! si elle meurt, j'en mourrai !..

GRINGALET. Je vous dis, jeune homme, que je suis arrivé à temps.

CÉPHISE, *revenant à elle.* Où suis-je?

JACQUES. Céphise !..

CÉPHISE. Jacques !.., Oh! c'était donc bien toi, Jacques! Oh! je ne suis pas coupable.

JACQUES. Est-ce que je serais ici? est-ce que je vivrais, si je ne le savais pas.

CÉPHISE. Oh! merci! merci! de nous avoir sauvées, car elle aussi existe, n'est-ce pas ?

JACQUES. Oui, oui, calme-toi.

GRINGALET. Eh! tenez, la v'là... la v'là qui revient.

LA MAYEUX. Céphise ! Céphise!

CÉPHISE, *l'embrassant.* Ma sœur!

LA MAYEUX. Dieu ne l'a pas permis.

SCENE VII.
LES MÊMES, AGRICOL.

AGRICOL. Non, parce qu'il veut que tu vives heureuse.

LA MAYEUX. Lui !... lui !..

(*Elle se cache la tête dans ses deux mains*).

AGRICOL. Tu as voulu mourir! mourir à cause de moi !..

LA MAYEUX. Agricol ! tu ne pouvais pas aimer la Mayeux.

AGRICOL. Est-ce que tu devais te tuer sans rien dire, est-ce que je l'aurais souffert! Ce qu'il faut à un bon ouvrier, c'est une femme laborieuse et bonne! Oui, je t'aurais aimée, oui, quand je regarde ta figure d'ange, quand je songe que tu as voulu mourir pour moi... je ne vois plus que ton âme chaste et pure, je ne vois plus que ta douleur, je ne vois plus que ta tendresse, et je te jure que je t'aime.

LA MAYEUX. Tu m'aimes ?...

AGRICOL. Oui, je t'aime !... et la preuve, c'est que si tu veux être ma femme...

LA MAYEUX. Ta femme !... moi !...

AGRICOL. Je te jure de te protéger et de t'aimer toute ma vie.

LA MAYEUX. Agricol tu es noble et bon, et Dieu, je l'espère, te rendra un jour tout le bonheur que tu me donnes.

GRINGALET, *joyeux.* Ah! papa Rodin a bien fait de me dire d'écouter aux portes.

FIN DU TREIZIÈME TABLEAU.

QUATORZIÈME TABLEAU.

Le Juif Errant.

Un petit salon chez d'Aigrigny, une porte au fond, une autre sur le côté droit, une troisième sur le côté gauche.

SCENE PREMIERE.

D'AIGRIGNY, puis RODIN.

D'AIGRIGNY, *entrant par la gauche, achevant de lire une lettre et se promenant avec agitation.* Ruses de l'enfer! diaboliques machinations! Cette ambition infernale touchait à son but, si les sourdes menées de cet homme dangereux n'eussent été surveillées à son insu... Ah! crasseux personnage, vous voulez jouer au Sixte-Quint! (*Il reste pensif.*)

RODIN, *entrant par le fond et parlant en dehors.*) Attendez, quelques minutes seulement. (*Il s'avance en scène en regardant d'Aigrigny, à part.*) Ah! vous établissez des contremines!.. Ah! vous avez sur vous l'ordre de me faire rentrer dans les comparses subalternes!..

D'AIGRIGNY, *se retournant et l'apercevant.* Je vous attendais, Monsieur; voulez-vous me dire maintenant ce que vous avez fait de plus que moi, dont vous trouviez la marche si brutale, si grossière?

RODIN. Ce que j'ai fait?.. De toutes petites choses bien puériles, j'en conviens : j'ai parlé amourette avec un jeune Sauvage indien; j'ai parlé amour et jalousie avec mademoiselle Adrienne, avec la Bacchanal, avec les filles du général Simon...

D'AIGRIGNY. Et le résultat?

RODIN. Que tous ces gens-là, naguère si beaux, si jeunes, si vaillants, sont aujourd'hui accablés, blessés au cœur... ou morts!..

D'AIGRIGNY. Vous en êtes certain?

RODIN. Que je fasse encore quelques pas dans la voie que je me suis tracée, et vous verrez qu'au jour convenu, pas un d'entre eux, pas un ne se présentera...

D'AIGRIGNY, *avec ironie.* Honneur à vous, mon père, car l'héritage immense, une fois dans nos mains...

RODIN. C'est un levier puissant pour notre ordre, mon cher frère.

D'AIGRIGNY, *avec force.* C'est un marche-pied pour votre ambition.

RODIN. Que signifie?

D'AIGRIGNY, *lui montrant la lettre.* Je connais vos projets.

RODIN. Du cardinal-ministre... (*Froidement.*) Mais, Monsieur, c'est une trahison, et une trahison se paie cher.

D'AIGRIGNY. Vous me menacez, je crois?

RODIN. Moi? ah! Monsieur, cette main est celle d'un vieillard... cette main est bien faible; mais il y a d'autres moyens.

D'AIGRIGNY, *souriant.* Et lesquels? (*En ce moment Dagobert entre par le fond.*)

RODIN. Lesquels?.. (*Apercevant Dagobert.*) Ah! (*Avec intention.*) Lesquels, Monsieur, je vais vous le dire franchement; mais permettez-moi quelques questions.

D'AIGRIGNY. Je vous écoute.

RODIN. Est-ce vous qui avez ordonné, à Leipzig, l'arrestation des filles du général Simon?.. (*Dagobert s'arrête à ces paroles.*)

D'AIGRIGNY. C'est moi. Après?

RODIN. Est-ce vous qui les avez poursuivies et emprisonnées de nouveau à Paris, comme vous avez jadis emprisonné leur mère?

D'AIGRIGNY. C'est moi... après?..

DAGOBERT, *bas.* Bien! bien!

RODIN. Est-ce vous enfin qui, plaçant Gabriel entre deux amours chastes jusque-là, avez préparé la mort de Blanche et de Rose?

D'AIGRIGNY. C'est moi..... Après, Monsieur..... après... ce moyen de vengeance?

RODIN, *s'écartant et montrant Dagobert, qui tient deux épées nues sous son bras.* Mon moyen de vengeance?.. le voilà!

(*Les deux ennemis restent immobiles en face l'un de l'autre. Rodin sort, et on l'entend fermer les portes à double tour.*)

SCÈNE II.

DAGOBERT, D'AIGRIGNY.

D'AIGRIGNY, *à part.* C'est un dernier guet-à-pens de cet homme.

DAGOBERT, *s'avançant vers lui.* Mes enfants sont mortes... il faut que je te tue.

D'AIGRIGNY. Ma vie appartient d'abord à Dieu, et ensuite à qui veut la prendre.

DAGOBERT. Nous allons nous battre à mort dans cette chambre... et comme j'ai à venger mon général et mes deux enfants... je suis bien tranquille.

D'AIGRIGNY. Monsieur, je ne puis me battre.

DAGOBERT. Vous refusez?

D'AIGRIGNY. Je refuse.

DAGOBERT. Positivement?

D'AIGRIGNY. Positivement. Rien ne saurait m'y forcer.

DAGOBERT. Rien? nous allons voir.

(*Il lui donne un soufflet.*)

D'AIGRIGNY, *avec un cri de fureur.* L'épée !..... l'épée !..

DAGOBERT. Enfin ! (*Ils se mettent en garde.*) d'Aigrigny, vous allez mourir.

D'AIGRIGNY, *s'arrêtant.* Et Rodin triompherait ! non ! (*Il met la pointe de son épée sous son pied et la brise.*) Je ne veux pas me battre.

DAGOBERT, *ramasse la pointe cassée, y mesure la sienne, qu'il brise à la même longueur.* Vous préférez le poignard à l'épée... va pour le poignard.

D'AIGRIGNY. Mais c'est donc l'enfer ?

DAGOBERT. C'est un père dont tu as tué les enfants.

D'AIGRIGNY. Une lutte d'assassins... jamais !

DAGOBERT. Pour te faire monter au cœur le peu de sang qui te reste dans les veines, je vais te cracher à la face.

D'AIGRIGNY. Ah ! c'est trop ! c'est trop !

(*Ils se précipitent l'un sur l'autre, et après une lutte acharnée, tous deux tombent en se séparant.*)

DAGOBERT. Blessé, mais lui, mort !

RODIN, *entrouvrant la porte du fond.* Peut-on entrer ?.. (*Il court à d'Aigrigny, prend un papier dans sa poche et s'écrie avec exaltation.* Ah ! mon rêve, mon beau rêve s'accomplit ! Enfin, je serai le premier, le plus grand, le plus puissant de tous...

(*Il va pour sortir par la gauche, le Juif entre et parle en avançant, Rodin recule devant lui.*)

LE JUIF. Dieu seul est tout-puissant ! Maudit, incline ton orgueil !..

(*Il le touche au front avec le doigt, Rodin fléchit et tombe à genoux.*)

RODIN. Lui ?.. encore lui !..

LE JUIF. Humilie-toi... (*Le touchant au cœur.*) Ton jour est venu.

RODIN, *chancelant.* Ah !.. (*Il porte la main à sa poitrine et tombe.*) Du moins... du moins... j'ai... triomphé... Et cette famille...

LE JUIF. Meurs avec une angoisse de plus, ils sont sauvés !

DAGOBERT. Excepté mes deux anges.

LE JUIF, *à Dagobert.* Conduis-moi à la tombe des enfants qui me rachètent et qui m'ouvrent le ciel.

(*Il sort, précédé de Dagobert, sans s'être arrêté un seul instant.*)

RODIN. Sauvés... tous sauvés... Oh ! malédiction sur eux... Malédiction sur moi !.. (*Il meurt dans d'horribles convulsions.*)

(*Un grand bruit de trompettes se fait entendre. La scène est tout entière cachée par des nuages.*)

FIN DU CINQUIÈME ET DERNIER ACTE.

ÉPILOGUE.

LE JUGEMENT DERNIER.

QUINZIÈME TABLEAU: **Le Néant.** — SEIZIÈME TABLEAU : **La vallée de Josaphat.** — DIX-SEPTIÈME TABLEAU : **L'Apothéose.**

La scène, coupée en deux parties, laisse voir dans le haut le Paradis, où sont groupés des milliers d'anges entourant une gloire. On aperçoit dans le bas ceux que réveille la trompette du jugement dernier. Là, sont Rodin, d'Aigrigny, etc., que l'ange exterminateur refoule vers l'enfer, tandis que l'ange du Seigneur fait monter vers le ciel le Juif, soutenu par Rose et Blanche.

FIN.

www.ingramcontent.com/pod-product-compliance
Lightning Source LLC
Chambersburg PA
CBHW070714050426
42451CB00008B/641